EXPERT

SUDOKU

By the Editors at Nikoli Publishing

WORKMAN PUBLISHING
NEW YORK

Library of Congress Cataloging-in-Publication Data is available.

ISBN 978-0-7611-5835-6

Workman books are available at special discounts when purchased in bulk for premiums and sales promotions as well as for fund-raising or educational use. Special editions or book excerpts can be created to specification. For details, contact the Special Sales Director at the address below.

Workman Publishing Co., Inc.
225 Varick Street
New York, NY 10014-4381
workman.com

WORKMAN is a registered trademark of Workman Publishing Co., Inc.

Illustrations by James Williamson

Printed in China
First printing October 2009

12 11 10 9

Contents

Contents

Introduction

What Is Sudoku?

A deceptively simple exercise in logic, Sudoku is a grid-based number game. Each puzzle is made up of 81 squares (called cells), which form 9 columns, 9 rows, and 9 boxes—each of which is a 3 x 3 square that is set off by a bold line.

1	2	3	4	5	6	7	8	9
4	5	6						
7	8	9						
2								
5								
8								
3								
6								
9								

The History of Sudoku

The editors of Nikoli, the leading puzzle company in Japan, discovered a puzzle called "Number Place" in an American magazine in the 1970s, and then introduced it to Japanese readers in 1984. (That puzzle was a variation on Latin Squares, developed in the eighteenth century by the Swiss mathematician Leonhard Euler, who himself had been inspired by an older puzzle called Magic Squares, which in turn can be traced to Lo Shu, an ancient Chinese puzzle.) At first the editors called the puzzle "Suuji wa dokushin ni kagiru," which means "it is best for the number to be single." That title was not only too long but also confusing, so they abbreviated it to "Sudoku"—*su* meaning number, *doku* meaning single. The name "Sudoku" is trademarked by Nikoli in Japan, so other companies are restricted to calling their puzzles "Number Place."

Sudoku did not catch on at first, but then, in 1986, the editors introduced two new rules. First, they determined that all the numbers must be arranged in a symmetrical pattern, and second, no more than thirty numbers can be revealed at the start of any puzzle. The result was magical, and Sudoku became a huge hit. In recent years, the puzzle has spread from Japan to other countries, but most of these newer puzzles are generated by computer and lack the simple beauty of the Nikoli puzzles. But more on that later.

The Rules of Sudoku

Very simple to learn, Sudoku involves no math and no calculations, but yet provides a surprisingly wide variety of logic situations. Here are the basics:

1. Place a number (1 through 9) in each blank cell.
2. Each row, column, and 3 x 3 box must contain the numbers 1 through 9 without repeating any numbers.

Remembering the Basics

The level of difficulty depends upon how many numbers are initially revealed, which also affects the technique you should use in approaching each puzzle. But the logic is always based on the narrowing of possibilities.

Basic Pattern 1

Start at the box on the left. The top two rows cannot contain the number 1 because of the 1s in the middle and right boxes. Therefore, the only place for a 1 in the first box is cell A.

Basic Pattern 2

Basic Pattern 2 is similar to Pattern 1. In the upper left box, the top two rows cannot contain the number 1. The cell to the right of the number 2 cannot contain the number 1 either because of the 1 in column three in the box below. Therefore, a 1 must be placed in cell B.

Basic Pattern 3

After learning Basic Patterns 1 and 2, it is easy to determine that the number 1 must be placed in cell C since it is the only cell in the upper left box that will not cause a duplication of 1s in either rows one and two or columns three and four.

Basic Pattern 4

2		3		
			1	
4	D			
		1		

In this pattern, the middle row in the upper left box cannot contain the number 1 because of the 1 in the box on the right. And the middle column can't contain the number 1 because of the 1 in the box below. A 1 must be placed in cell D.

Basic Pattern 5

E	2	3	4	5	6	7	8	9

This pattern is an extremely easy one. On the top row, E is the only cell remaining in which one can place the number 1.

Advanced Pattern 1

In the upper left box, the number 1 will be placed in either of the F cells because the 1 in the bottom box negates the possibility of placing 1 in the first column. In the second box, the top row cannot contain the number 1 because a 1 already appears in the top row (in the far right box). Also, the middle row cannot contain a 1 because either of the F cells will contain the number 1. Therefore, in the second box, the number 1 can only be placed in cell G.

Advanced Pattern 2

1						
		H	H	H		
		2	3	4	5	6 J

To determine where the number 1 should go in the far right box, first look at the far left box. Because of the number 1 already in the top row of the box, a 1 cannot be placed in the entire top row. In the middle box, with the cells in the bottom row already filled with the numbers 2, 3, and 4, there is no other place for the number 1 than in one of the H cells in the middle row. Therefore, with a 1 in the top row, and the necessity of a 1 in one of the H cells, the only remaining option in the far right box is to place the number 1 in cell J.

Advanced Pattern 3

K	K				
2	3		1		
4	5				6 L
			1		
	1				

In the upper left box, the number 1 should be placed in either of the K cells. (Now no other cells in the top row may contain the number 1.) In the upper right box, the top and middle rows cannot contain a 1; its far left column cannot contain a 1 because of the cell that contains a 1 in the box below. Therefore, the number 1 must be placed in cell L.

Advanced Pattern 4

M		2	3	4	5	6	7	8
	1							

Numbers 1 and 9 are missing from the top row. Because of the 1 already in the lower left box, cell M must contain the number 1 and the cell to its right will contain the number 9.

Advanced Pattern 5

N			2	3	4	5	6	7
8								
9								

Numbers 1, 8, and 9 are missing from the top row. Cell N cannot contain either an 8 or a 9 because they already appear in the left column in the lower left box. Therefore, the number 1 must be placed in cell N.

Master Pattern 1

			2	3				1
Q	4	P						
	P	5	1					
2								
3								

In the upper left box, the numbers 2 and 3 will be placed in each of the two P cells because the appearance of 2 and 3 in the left column in the lower left box and the top row in the middle box negates any other possibility. The number 1 cannot be placed in the top or bottom rows in the upper left box because of the 1s that appear in the top and bottom rows in the middle and far right boxes. Therefore, in the upper left box, the number 1 must be placed in cell Q.

Master Pattern 2

R				5	6	7
	2	3				
	4					
8						
9						

Cell R cannot contain the numbers 2, 3, or 4 because they already appear in the same box. It cannot contain the numbers 5, 6, or 7 because they already appear in the same row. It cannot be the numbers 8 or 9 because they already appear in the same column. Therefore, cell R must contain the number 1. (Note: This deduction may seem simple, but it's easily missed when solving Sudoku!)

Why Handmade?

By Nobuhiko Kanamoto, chief editor, Nikoli

A well-made Sudoku is a pleasure to solve, but there are so many Sudoku puzzles manufactured by computer programs that I would like to explain why we at Nikoli continue to make Sudoku by hand.

Sudoku is a pencil puzzle with simple rules. It's so beautiful, you might fall in love with it. Perhaps you are fascinated already by Sudoku and are yearning for more. If so, do you know how to recognize a truly good Sudoku puzzle?

Let's consider a puzzle that has been made using a computer program. If you are a reasonably experienced solver, you might wish to tackle it. You will soon discover that making a start is difficult. There are no cells in which to place a number using straight-forward techniques.

```
. . 4 | . . 9 | . . 8       2 6 4 | 3 1 9 | 5 7 8
. 3 . | . 5 . | . 1 .       8 3 9 | 2 5 7 | 4 1 6
7 . . | 4 . . | 2 . .       7 1 5 | 4 8 6 | 2 3 9
------+-------+------       ------+-------+------
3 . . | 8 . . | 1 . .       3 7 2 | 8 9 4 | 1 6 5
. 5 . | . . . | . 9 .       4 5 1 | 6 3 2 | 8 9 7
. . 6 | . . 1 | . . 2       9 8 6 | 5 7 1 | 3 4 2
------+-------+------       ------+-------+------
. . 8 | . . 3 | . . 1       5 4 8 | 7 6 3 | 9 2 1
. 2 . | . 4 . | . 5 .       1 2 7 | 9 4 8 | 6 5 3
6 . . | 1 . . | 7 . .       6 9 3 | 1 2 5 | 7 8 4
```

I'll show you what to do. Look at box one (we number the boxes from left to right, starting with the top row, so box one is the upper left 3 x 3 square). There is no number 6 in this box, but there are 6s in columns one and three. So, in box one, a 6 can go only in column two, but there are two possible cells. Next, let's look at the number 1. There are no 1s in box four and box seven. But there are 1s in rows four, six, seven, and nine. In box four, a 1 can go only in row five, and in box seven a 1 can go only in row eight. This means that columns one and three cannot be used for a 1 in box one. The two cells of column two in box one will be occupied by a 1 and a 6. Using this information, you can find the cell that contains an 8 in box one. That's right—column one, row two. Now, all of the 8s can be placed easily. Once you have discovered how to solve this problem, the puzzle presents no other difficulties.

Can you really say that you enjoy solving this kind of puzzle? I never can. Computer-generated Sudoku puzzles lack a vital ingredient that makes puzzles enjoyable—the sense of communication between solver and author. The best Sudoku make you concentrate, but aren't stressful. They are absorbing, never boring. Please don't misunderstand me. I don't mean that a good Sudoku must be easy. A human sensibility is required for fiendish puzzles, too.

Good Sudoku authors are always considering a solver's feelings. Can a computer program do this? Can a computer take into account the way a solver thinks? I am concerned that poor Sudoku (computer-made), which take no account of solvers, will overwhelm us—and the joy of pure Sudoku will be lost forever.

Why Nikoli?

By Maki Kaji, the "godfather" of Sudoku and the president of Nikoli

We have been supplying handmade Sudoku puzzles for twenty years. We discovered this puzzle twenty-five years ago in one of Dell's puzzle magazines in America. Ever since, we have been absorbed in the never-ending task of creating smart and elegant puzzles.

As you read earlier, we came up with the rule that digits must be arranged in a symmetrical pattern. We think it's a beautiful idea. But during all the time we have been creating the puzzles, we have continued to nurture and develop Sudoku. We continue to think more about the solving process than the end result. This is a question of good taste—an issue that computers will never comprehend.

Nikoli's puzzles are featured in all Japanese newspapers and magazines—100 percent of them! This is because Japanese solvers prefer our Sudoku puzzles. If you stay with Nikoli, you will come to understand the reasons why.

You may invent a program to create Sudoku puzzles, but you will never create Nikoli's Sudoku puzzles. So I will end with one piece of advice: Choose wisely.

Puzzles

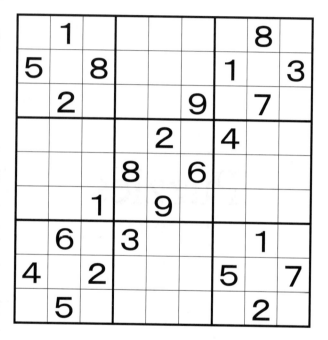

	1						8	
5		8				1		3
	2				9		7	
				2		4		
			8		6			
		1		9				
	6		3				1	
4		2				5		7
	5					2		

Time _____

5						4		
		9		3			2	
			7				6	
3			4					
	2						5	
					8			9
	6				1			
	1			5		3		
		8						4

Time _____

Puzzle 3 Difficult

	2				5			
3				9		8		
		1					9	
	8				7			5
		3				6		
4			6				8	
	7				9			
		5		1				3
			7				5	

Time _____

4

	3	4			6			9
	9						6	
1			9	7				
			4	7	5			
	2						4	
		3	6	5				
			3	4				7
	8						1	
5			1			3	9	

Time _____

5

		5	9		6	1		
9								
7		1	3		5			8
		7		1				
4		2				3		1
				7		4		
1			7		8	2		5
								6
		6	2		1	9		

Time _____

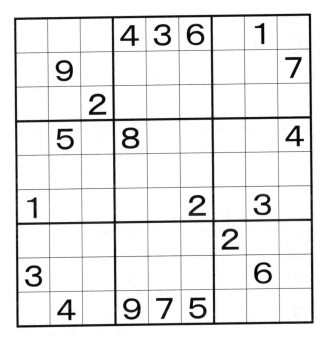

			4	3	6		1	
	9							7
		2						
	5		8					4
1					2		3	
						2		
3							6	
	4		9	7	5			

Time _____

8	9	4						7
			3	9				6
			2					8
				5	1	7		
	5	3	4					
3				5				
1				8	2			
7						2	6	1

Time _____

		2		1			7	
		7			9	1		5
	6					4		
	1			4		9		
		7		3				
		6		8			5	
		8					6	
2		9	6			5		
	4			5		2		

Time _____

Time _____

Puzzle 10 Difficult

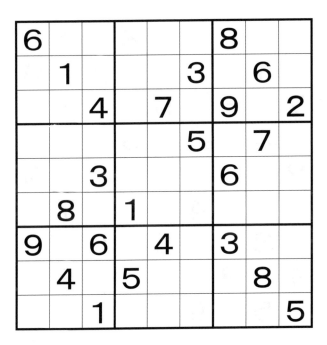

6						8		
	1				3		6	
		4		7		9		2
					5		7	
		3				6		
	8		1					
9		6		4		3		
	4		5				8	
		1						5

Time _____

11

					8		1	
	1					7		6
7		6		5			3	
	3				9			
8								9
			4				7	
	8			3		5		2
1		3					8	
	5		9					

Time _____

		9					5	6
5	4							
			8	5	2			
		1	7				9	
	2						3	
	5				8	7		
		8	9	7				
							4	2
3	1					9		

Time _____

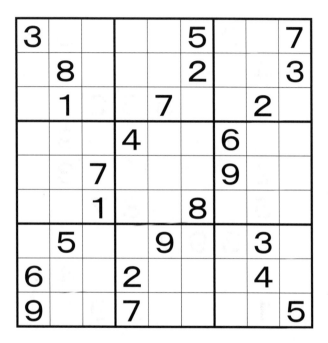

Time _____

14

5					6		2	
	9			7				3
		7	2					
		2	9					7
	7						9	
3					5	8		
				4	1			
1			6				3	
	4		8					6

Time _____

Puzzle 15 Difficult

7				2	9		3	
		8	5				6	
								1
	9		7					
2	7						4	8
					4		1	
6								
	5				8	3		
	8		9	6				7

Time _____

16

1		5		3				
4						6		7
			9			8		
		3	1				8	
	6						1	
	1				9	7		
		4			2			
9		6						2
				6		3		5

Time ⎯⎯⎯⎯⎯⎯

Time _____

		8	2					
	9			1				4
	6					3		
			7				2	
5								9
	1				6			
		7					8	
2				4			1	
					3	5		

Time _____

	7			5				
8							9	
			3			2		
9					8			
6		8				3		5
			4					7
		2			9			
	3							4
				6			1	

Time _____

	5		4					8
			5					
8		2		6			4	
3		9			1			
	7						8	
			7			3		6
	1			3		8		5
					7			
4				2		3		

Time _____

2		3			4			
	1			7				8
					1		3	
	2		1					4
		4				1		
9					3		7	
	7		2					
4				5			6	
			4			5		9

Time _____

Time _____

Puzzle 23 Difficult

6				2				9
			4		1			
		5		7		3		
	4						2	
2		9				6		5
	8						7	
		4		6		7		
			9		5			
1				8				4

Time _____

24

			4	3				
	7	6					8	9
4					6	5		
	2	4						
			3		7			
						7	6	
		1	5					3
5	6					8	9	
			9	4				

Time _____

Puzzle 25 Difficult

Time _____

26

		8	2					
			1	6				8
9				5			2	
1					5		8	7
		5				2		
6	8		7					3
	3			1				6
4				9	3			
					2	7		

Time _____

27

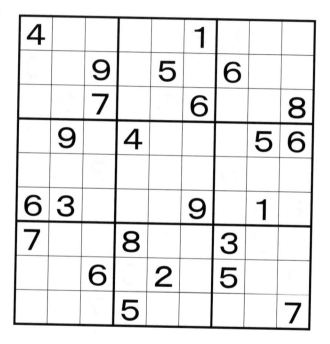
					1			
4					1			
		9		5		6		
		7			6			8
	9		4				5	6
6	3				9		1	
7			8			3		
		6		2		5		
			5					7

Time _____

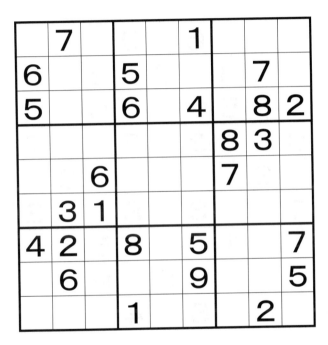

	7				1			
6			5				7	
5			6		4		8	2
						8	3	
		6				7		
	3	1						
4	2		8		5			7
	6				9			5
			1				2	

Time _____

			6		9			
		3		7		2		
		5				6		
9			2		5			7
	3						8	
1			3		8			2
		1				5		
		6		2		9		
			8		4			

Time _____

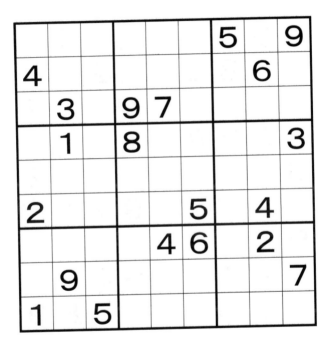

						5		9
4							6	
	3		9	7				
	1		8					3
2					5		4	
				4	6		2	
	9							7
1		5						

Time _____

31

Time _____

32

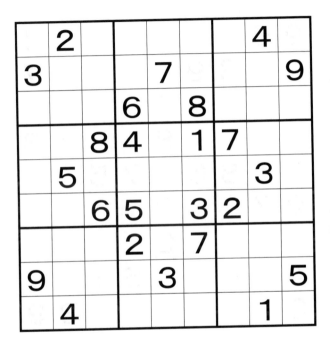

	2						4	
3				7				9
		6		8				
		8	4		1	7		
	5						3	
		6	5		3	2		
			2		7			
9				3				5
	4						1	

Time _____

33

9	6							4
		3	9					7
				7				
				8			1	3
		8	6		7	5		
2	7			9				
				2				
4					5	1		
5							3	9

Time _____

Time _____

			8		2			6
	6						3	
7				9		2		
1		4			6			
3			9		7			2
			3			5		1
		1		8				4
	2						9	
6			2		3			

Time _____

		1						
	2	5					7	
8	5					9	4	
1				3	5			
		8		4				
	9	2					3	
3	8				6	5		
4				1	8			
				9				

Time _____

			9		3			
	2	1				3	7	
				1				
5			2		7			9
		8				4		
2			5		9			6
			6					
	4	6				5	8	
			8		1			

Time _____

5			6			7		
		8		5	7		9	
		2					3	
	8							2
2								7
3							5	
	9					6		
	5		9	1		4		
		7			4			9

Time _____

				7	4			
						4	9	
		3	2					6
	5			8	7			1
	2						6	
6			1	4			7	
3					8	7		
	8	9						
			5	6				

Time _____

	6			1				
	7						2	3
		3			4	5		
		1		6				
4			8		9			5
				2		4		
		6	7			2		
2	9						6	
				5			9	

Time _____

		9				6		
	4			1	6			5
5			7					1
			3				9	
		6				4		
	9				2			
8					7			3
9			2	5			8	
		3				2		

Time _____

				7	3			
			5					8
	3	7				5	2	
8					4			
	1	9		6		2	5	
			7					3
	8	2				1	6	
5					2			
			9	8				

Time _____

	2				9	7		
	1			8				
8				2				4
		7	5				6	
	4						3	
	9				4	2		
7				9				2
				6			1	
		2	3				7	

Time _____

	9		2				3	
5	7						4	6
					9	2		
7					1	5		
		6	7					2
		5	4					
8	3						9	1
	1				6		8	

Time _____

	8	2						6
5			7				3	
				2			1	
	4				3	8		
8								2
		7	9				6	
	1			8				
	6				4			7
4						1	2	

Time _____

						8		
				6			9	1
		7			3	4		
9			7	4				
	4	5				6	2	
				2	9			8
		1	2			5		
6	3			8				
		2						

Time _____

Time _____

	4							
1		5		4		7		
	7		2					9
9	8				2	6		
	1						3	
		7	5				4	1
2					9		7	
		6		5		3		2
							9	

Time _____

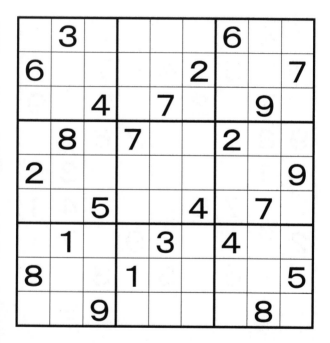

Time _____

50

1							9	
			7			2		5
		4		5			8	
			1			6		9
	5						4	
8		2			3			
	3			9		7		
5		8			2			
	9							6

Time _____

51

Puzzle 51 Difficult

Time _____

52

2	9					3	1	
					7			9
					3			4
					6			7
	8	6				1	3	
1			7					
8			5					
9			2					
	3	2					7	5

Time _____

		5	6				9	
		2	3			1		6
				8				
	3				1			
4		6				2		8
			9				3	
			4					
8		7			6	3		
	4				5	7		

Time _____

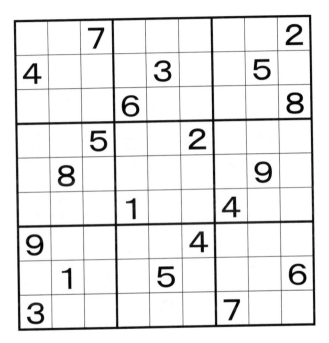

		7						2
4				3			5	
			6					8
		5			2			
	8						9	
			1			4		
9					4			
	1			5				6
3						7		

Time _____

Time _____

8	3							7
		6	3					9
				5	4			
2	6					5		
		8				1		
		7					6	2
			4	8				
9					7	4		
3							9	5

Time _____

57

4						8		
2		6	7					
			3				1	
	8				4			
7								6
			5				3	
	5				8			
					1	4		2
		3						1

Time _____

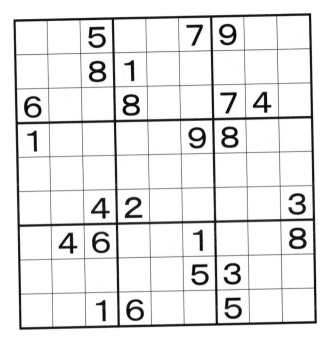

		5			7	9		
	8	1						
6			8			7	4	
1				9	8			
		4	2					3
	4	6			1			8
				5	3			
		1	6		5			

Time _____

9			2		6	3		
		4	2		6			
				7			8	
	2							6
	3						5	
7							1	
	8			3				
			6		9	4		
		5						2

Time _____

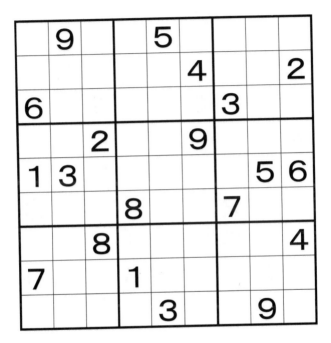

	9			5				
					4			2
6						3		
		2			9			
1	3						5	6
			8			7		
		8						4
7			1					
				3			9	

Time _____

61

				6			2	
3			4				5	
2			3			1		
4			9			6		
		1				8		
		2			8			3
		6			1			7
	5				6			9
	7			5				

Time _____

			6	7	8			
		4				1		
	7						3	
3			9		5			8
9								4
4			2		3			9
	5						2	
		1				7		
			8	9	7			

Time _____

Time _____

				8	6	2		
			5					
9		7				4		
6			7		9		8	
7								3
	4		1		3			9
		2				5		4
					7			
		3	6	1				

Time _____

65

Puzzle 65 Difficult 🏠

Time _____

Puzzle 66 Difficult 🏠

		5			2			
	7						3	
				6				9
	4	9	8					
2								7
					5	1	6	
6				3				
	9						5	
			1			8		

Time _____

67

Time _____

68

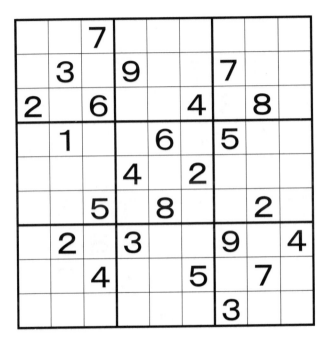

		7						
	3		9			7		
2		6			4		8	
	1			6		5		
			4		2			
		5		8			2	
	2		3			9		4
		4			5		7	
						3		

Time _____

				2				7
	3		5					
		8	1			4		
	2		6					1
7					3		5	
		6			9	8		
					7		2	
3				4				

Time _____

6			8					
	7			6	4			
		2				8		
			7			6	8	
3		8				7		9
	9	4			8			
		5				3		
			2	1			4	
					9			6

Time _____

71

		4						1
	2			9				
3			8			7		
	5		7				6	
	1				4		9	
		7			6			4
				5			2	
8						1		

Time _____

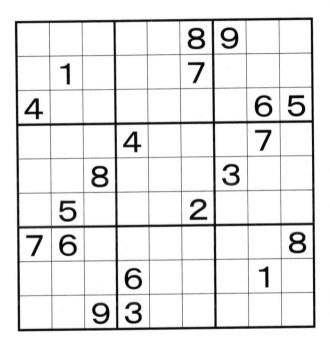

					8	9		
	1				7			
4							6	5
			4				7	
		8				3		
	5				2			
7	6							8
			6				1	
		9	3					

Time _____

Puzzle 73 Difficult

Time _____

		9				8		
6			4		3			5
				1				
	3		8		9		7	
7								2
	4		1		6		3	
				9				
3			6		2			4
		8				2		

Time _____

		7		5	2	9		
			8				2	
6	2		3				4	
	9			3				2
5				6			7	
	8				5		3	9
	3				8			
		4	1	9		8		

Time _____

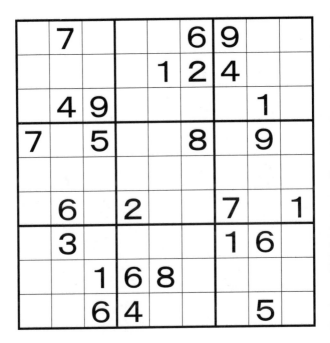

	7				6	9		
				1	2	4		
	4	9					1	
7		5			8		9	
	6		2			7		1
	3					1	6	
		1	6	8				
		6	4				5	

Time _____

Time _____

		3						4
			7			6		
	1		2					
	7				4			5
	8						3	
6			9				8	
					1		2	
		5			3			
7						9		

Time _____

Time _____

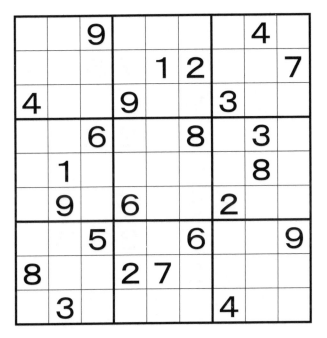

		9					4	
				1	2			7
4			9			3		
		6			8		3	
	1						8	
	9		6			2		
		5			6			9
8			2	7				
	3					4		

Time _____

					6			9	
3						7	5		
	2		9						
	9		7		2	3			
8								2	
		3	6		5		1		
				8		4			
		7	2				1		
	3		5						

Time _____

					8	5		
				9			3	
8	7			6			1	
3	5				9	2		
		8	3				6	4
	1			7			8	2
	8			5				
		2	6					

Time _____

Puzzle 83 Difficult 🏠

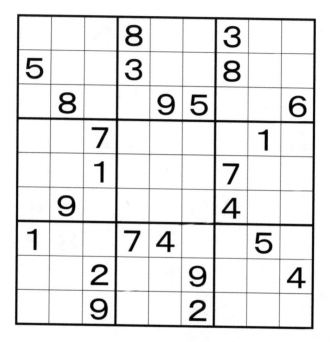

			8			3		
5			3			8		
	8			9	5			6
		7					1	
		1				7		
	9					4		
1			7	4			5	
		2			9			4
		9			2			

Time _____

7							1	6
8					9	2		
	9		6					
	3			5		7		
			9		2			
		5		4			3	
					8		7	
		4	3					1
1	8							3

Time _____

Puzzle 85 Difficult

Time _____

		5			3			
			8	4				6
1							9	
			7				1	
		2				5		
	6				9			
	4							8
7				1	5			
			2			3		

Time _____

Time _____

9	6					5		
					5			
		1	9	2			3	
	4				3	1		
8								3
		7	6				8	
	9			4	6	8		
			5					
		2					9	1

Time _____

89

Time _____

			6		1		4	
		5				8		3
	4		5				1	
8		7						9
5						2		1
	2				5		7	
7		6				4		
	5		9		3			

Time _____

	2				4		3	
3	8			6			4	7
					7			
						5		6
	4						8	
1		6						
			5					
8	3			2			7	9
	7		3				6	

Time _____

			2			4		
9				5				
		1					6	
4	2		3					
			6		7			
					1		8	5
	3					2		
				4				9
		8			6			

Time _____

			8				2	
		1		4				
	7						9	5
2		6	3					
					1	3		7
8	9						4	
			7		6			
	3			5				

Time _____

	7				4			2
9				3			5	
		4	2			6		
	5				9			
2								7
			1				2	
		1			5	3		
	4			8				5
8			9				1	

Time _____

1		2				6		3
				5				
4		3				9		7
			7	6	8			
	6						2	
			3	2	5			
8		9				5		1
				4				
7		1				3		2

Time _____

		5			3			
	9			5				7
4			6					2
						4	6	
			2		9			
	8	3						
9					8			5
7				6			4	
			1			3		

Time _____

				3			8	
	4		7			2		
		5			8		9	
	2			1				
3		4				6		8
				2			5	
	6		9			8		
		9			7		3	
	3			6				

Time _____

								7
		1			2		5	
	8		9	3				
		5			4			
		3				8		
			7			6		
				4	1		3	
	6		8			9		
7								

Time _____

				9	5			
						7	2	
		9	4					5
	2			1	9			6
	3						7	
1			5	7			8	
5					6	3		
	1	8						
			3	2				

Time _____

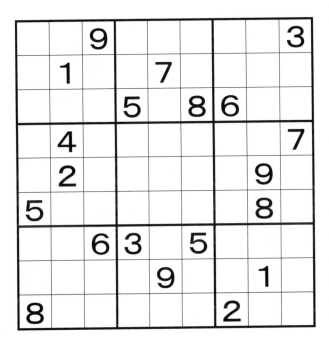

Time _____

6	2				3			
8				4		5		
			8				2	
		2	4				9	
	7						3	
	3				1	4		
	5				6			
		8		1				9
			3				8	1

Time _____

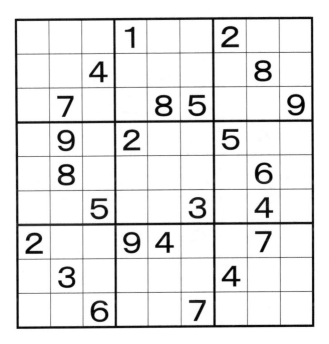

			1			2		
		4					8	
	7			8	5			9
	9		2			5		
	8						6	
		5			3		4	
2			9	4			7	
	3					4		
		6			7			

Time _____

		2			1		6	
			7	8		4		
9					5			
	4							
3								9
							1	
			3					5
		7		1	9			
	8		4			2		

Time _____

Time _____

		2			5			1
			7			6		
9				6			2	
	2				1			9
		7				8		
1			6				3	
	7			3				5
		1			9			
6			8			1		

Time _____

Puzzle 106 Difficult

			3	9				
	1	5						
9					7	4		
3		9		5			8	
	8						2	
	5			2		9		1
		2	7					4
						3	6	
			8	5				

Time _____

				9	4			
	7	4				6	3	
			6					9
			2					1
	9	3				2	6	
4					8			
7					5			
	8	2				7	4	
			1	7				

Time _____

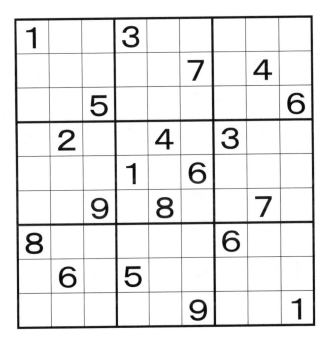

1			3					
					7		4	
		5						6
	2			4		3		
			1		6			
		9		8			7	
8						6		
	6		5					
					9			1

Time _____

	2	1			9			3
6			1			8	7	
	1	3			4			8
7			5			9	4	
	6	4			2			1
1			9			3	5	

Time _____

110

Puzzle 110 Difficult 🏠

		1	4				6	
	3	2	5	9				8
	2							7
6	5						8	1
1							2	
5				7	8	3	1	
	9				2	4		

Time _____

111

		9		4				
			7			6		
		2				9	8	
8							9	
			3		2			
	1							4
	7	5				3		
		6			9			
				1		2		

Time _____

Puzzle 112 Difficult 🏠

		7	6					
3				5	7			
8						9		
	2		5			8		
	4		7		6		2	
		8			1		6	
		3						4
			9	1				2
					2	5		

Time _____

Puzzle 113 Difficult

	9		2		6		5	
		8		1		9		
	5		3		8		1	
		4				6		
	7		4		1		8	
		6		4		5		
	2		7		5		3	

Time _____

114

Puzzle 114 Difficult

		2	5					
	8				6	7	9	
	6			4				5
		1	3					8
2					5	9		
3				9			6	
	1	4	8				3	
					4	1		

Time _____

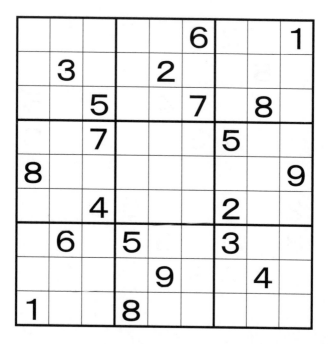

Time _____

Puzzle 116 Difficult 🏠

		5		6		3		
	3				9		1	
4				5				2
							5	
2		7				6		4
	9							
7				4				9
	2		3				7	
		4		1		2		

Time _____

	3	7					6	
9								7
			9		4			5
		2		9		8		
			5		7			
		6		8		9		
8			1		2			
6								8
	7					3	1	

Time _____

118

Puzzle 118 Difficult

		9			1			2
	5				7		9	
6				4				
			6				1	3
		1				4		
5	6				8			
			5					7
	8		2				6	
4			8			1		

Time _____

Puzzle 119 Difficult

		9	4				7	
	4							8
7			6					
8			5		9	1		
	3						5	
		1	8		3			6
					2			7
3							4	
	6				1	2		

Time _____

Puzzle 120 Difficult

		5			8	4		
	1	7					3	
			1	9				5
8			2					
	3						9	
					4			3
7				1	5			
	8					1	2	
		1	3			6		

Time _____

Puzzle 121 Difficult

Time _____

			7		6			
7			3		5			1
1								6
	8			7			3	
		3				8		
	1			2			6	
5								8
9			4		1			2
			6		8			

Time _____

Puzzle 123 Difficult

	7			5				3
4			7				1	
		2				4		
	2				6			
5		9				1		8
			3				9	
		7				3		
	4				8			7
3				1			2	

Time _____

Puzzle 124 Difficult

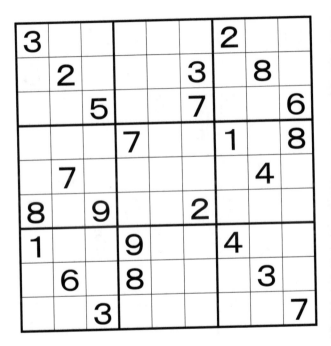

3						2		
	2				3		8	
		5			7			6
			7			1		8
	7						4	
8		9			2			
1			9			4		
	6		8				3	
		3						7

Time _____

125

Puzzle 125 Difficult

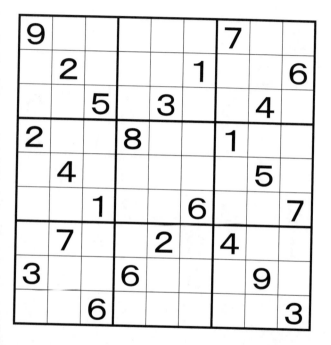

9						7		
	2				1			6
		5		3			4	
2			8			1		
	4						5	
		1			6			7
	7			2		4		
3			6				9	
		6						3

Time _____

126

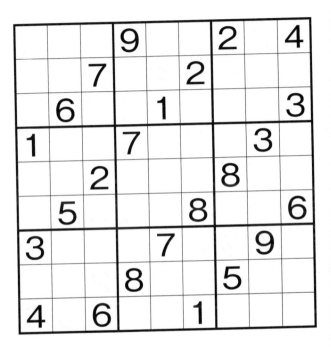

			9			2		4
		7			2			
	6			1				3
1			7				3	
		2				8		
	5				8			6
3				7			9	
			8			5		
4		6			1			

Time _____

Time _____

		3	9			6		
	5				7		2	
					3			
			3	2				8
	2	6				4	9	
1				8	4			
			8					
	7		4				5	
		1			2	9		

Time _____

Puzzle 129 Difficult

Time _____

		4		3			1	
7						4		
	2		6					9
				9		2		
4			2		5			6
		1		4				
9					1		3	
		3						5
	8			5		7		

Time _____

Puzzle 131 Difficult

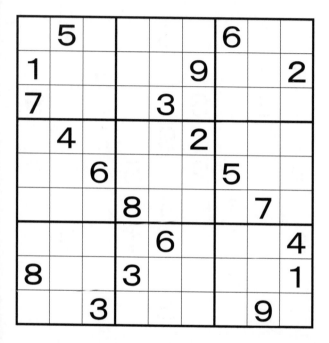

	5					6		
1					9			2
7				3				
	4				2			
		6				5		
			8				7	
				6				4
8			3					1
		3					9	

Time _____

132

	1	2			7			3
4			3			1		
				4			5	6
5	6							
		7				6		
							7	2
1	2			9				
		3			1			4
6			4			2	3	

Time _____

				1				5
	9		7			3		
		6			2			
2	7				3			
		5				6		
			8				1	4
			9			8		
		3			5		7	
4				6				

Time _____

Puzzle 134 Difficult

				5	1	8	6	
			7					3
			8					9
	5		9					2
	6						9	
1				7		5		
5				6				
9				4				
	8	3	1	2				

Time _____

Time _____

Time _____

Puzzle 137 Difficult 🏠

Time _____

Puzzle 138 Difficult 🏠

		2			7	8		
3				9				4
	7		8				2	
		4			3			1
	2			6			3	
7			9			2		
	3				4		5	
9				1				8
		5	3			4		

Time _____

Puzzle 139 Difficult

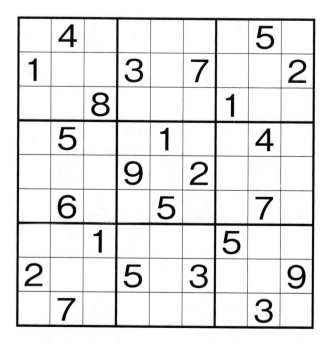

Time _____

Puzzle 140 Difficult 🏠

			9		6			
	4			8			6	
6		1				8		4
	8						7	
			8		3			
	6						2	
9		7				6		1
	3			5			4	
			7		1			

Time _____

141

	4		9					
		6	4					9
					5		2	7
7							4	3
	9			4			7	
6	3							8
3	8		6					
9					4	1		
					2		8	

Time _____

				9		6		
	5						1	
8			2		3			
		2	9		1	7		
5				4				3
		9	7		5	4		
			4		9			1
	4						2	
		6		7				

Time _____

143

Puzzle 143 Difficult 🏠

Time _____

Puzzle 144 Difficult

			2	3	7			
				9		5		
	2	9				8		
4			3		6			5
9	7						1	6
8			9		5			7
		4				1	2	
		7		2				
			8	4	3			

Time _____

145

			6		3			
	6	2					1	3
	3			8			5	
1					2			4
7			5					8
	5			4			1	
	8	3				7	6	
			3		9			

Time _____

Time _____

Time _____

Time _____

Time _____

	4			6			8	
		3					5	
9								4
		7		3		9		
	9		5		1		4	
		8		4		2		
3								8
		2				6		
	5			1			9	

Time _____

			1		5			
		3				9		
	9		3		7		1	
1		2				3		4
6		7				8		9
	8		4		2		6	
		6				7		
			8		3			

Time _____

Puzzle 152 Difficult

						5		
		3		1			2	
	6				4			7
9			5			1		
		4				3		
		7			2			6
2			3				4	
	1			6		9		
		8						

Time _____

4				8		9		
		7	4		6			
8					3		2	4
3			5					
	9	5				8	4	
					4			5
1	3		6					7
			2		1	4		
		4		5				6

Time _____

Puzzle 154 Difficult 🏠

			5		8		9	
	2	3						
4			6		7			
		7						
8	5			9			3	2
						1		
			1		3			5
						6	8	
	9		2		4			

Time _____

155

Time _____

Puzzle 156 Difficult

	5				4	3		
	9		7				4	5
2				3				
9						2	6	
				6				
	8	3						7
				7				6
5	7				8		1	
		8	1			9		

Time _____

157

Puzzle 157 Difficult

Time _____

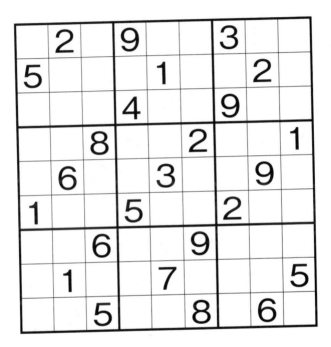

	2		9			3		
5				1			2	
			4			9		
		8			2			1
	6			3			9	
1			5			2		
		6			9			
	1			7				5
		5			8		6	

Time _____

Time _____

Puzzle 160 Difficult

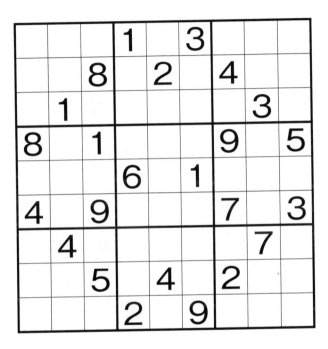

			1		3			
		8		2		4		
	1						3	
8		1				9		5
			6		1			
4		9				7		3
	4						7	
		5		4		2		
			2		9			

Time _____

161

Puzzle 161 Difficult 🏠

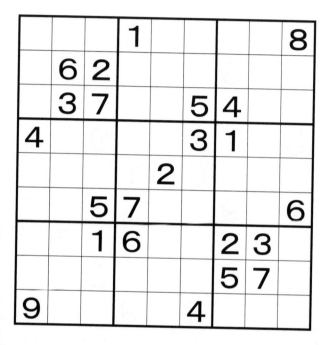

Time _____

1		3				5	9	
	4	8		3				
							1	
3				6		9		
			1		3			
		7		8				4
	5							
				9		2	6	
	2	6				3		7

Time _____

		3	4	5				
	2				6			
	1					7	6	
								3
4			2		7			8
5								
	7	6					1	
			6				2	
			3	8	5			

Time _____

		4				7		9
			2		7		6	
6		7		1				8
	7				1			
9		5		6		4		1
			7				5	
7				8		3		6
	5		4		6			
2		6				9		

Time _____

Puzzle 165 Difficult 🐝

Time _____

7		6			5			2
	3			7			9	
			2					4
1						2		
	2			3			1	
		9						7
9					4			
	4			2			5	
8			5			7		6

Time _____

167

Time _____

	1	8				2		
			2	4			6	
				7			3	
6	8				2			
		5				3		
			9				7	8
	4			8				
	2			1	7			
		3				4	5	

Time _____

Puzzle 169 Difficult

	2			4			5	
		6				1		
			6		3			
3				9				8
	5		4		2		9	
9				8				6
			9		7			
		5				2		
	9			3			4	

Time _____

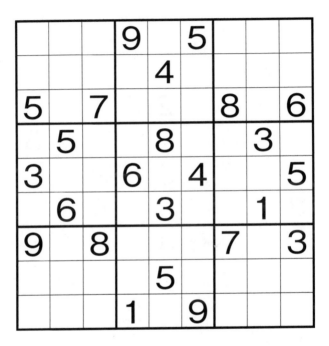

			9		5			
				4				
5		7				8		6
	5			8			3	
3			6		4			5
	6			3			1	
9		8				7		3
				5				
			1		9			

Time _____

			1					
	4					7	9	
	1			2	5			
		6						3
		7		9		8		
3						4		
			6	4			1	
	7	2					5	
				3				

Time _____

Puzzle 172 Difficult

7			6				8	
		6			4	1		
	4			7				
2						3		
		9	1		5	4		
		7						2
				5			6	
		3	4			5		
	2				7			9

Time _____

Time _____

				6	8	5		
	1						2	
		2						8
			4					9
6				5				1
2					3			
5						3		
	8						6	
		4	9	1				

Time _____

175

	9		3		4		1	
2	5			8				7
					5			
4						2		6
	2			6			7	
6		3						8
			5					
7				3			5	9
	4		9		1		2	

Time _____

		1				4		
			4		9			
4		8				5		6
	9		1		2		5	
	7		3		5		8	
5		3				7		9
			6		8			
		4				1		

Time _____

				7			1	
2	4		6		1		8	
	5		9		2		6	
4				5				9
	8		7		6		4	
	6		4		3		5	7
	3			9				

Time _____

		2				8		
	4	3				7	6	
			6	7				
2			4					
9	5						4	7
					9			1
				1	8			
	8	1				4	3	
		6				5		

Time _____

Puzzle 179 Difficult

Time _____

5	3			9				2
		1			8	9		
							3	
3			2					6
	6			1			2	
8					7			5
	4							
		7	9			4		
2				3			8	1

Time _____

	2	9	1	5	6	4	8	
	7						9	
	3		4	2	9		5	
	8						1	
	5		3	1	8		2	
	6						7	
	9	7	2	4	5	1	3	

Time _____

		1				3		
	4				1		7	
9				8				6
	8		2		9			
		2				9		
			1		4		5	
5				9				4
	7		6				2	
		4				8		

Time _____

			5					8
7		1					6	
	6		2		7		3	
		6			2		4	9
	4						8	
8	1		6			5		
	8		9		3		7	
	7					2		3
6					1			

Time _____

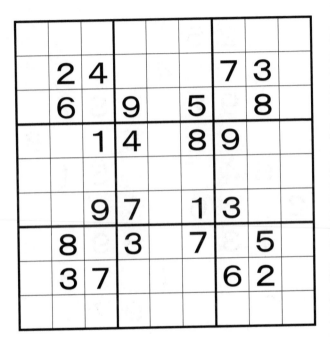

	2	4				7	3	
	6		9		5		8	
		1	4		8	9		
		9	7		1	3		
	8		3		7		5	
	3	7				6	2	

Time _____

Puzzle 185 Difficult 🏠

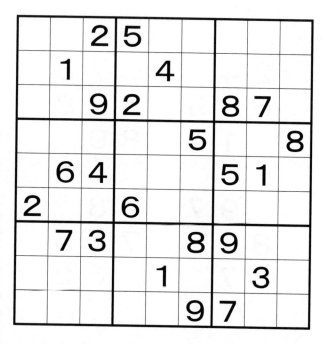

		2	5					
	1			4				
		9	2			8	7	
					5			8
	6	4				5	1	
2			6					
	7	3			8	9		
			1				3	
					9	7		

Time _____

2					6		8	
	3			7				4
	1		5					
9					2	6		
	8			1			7	
		7	6					3
					1		6	
8				4			3	
	5		2					8

Time _____

Puzzle 187 Difficult

		1			8	4		
	7		4				8	
3								6
	6		5		7			9
				9				
5			3		6		2	
2								8
	9				1		7	
		5	9			3		

Time _____

Time _____

Puzzle 189 Difficult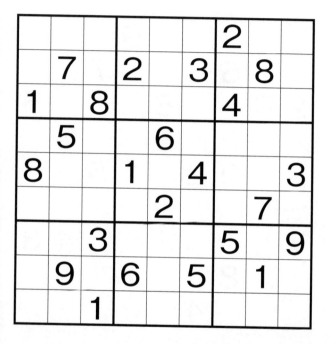

						2		
	7		2		3		8	
1		8				4		
	5			6				
8			1		4			3
				2			7	
		3				5		9
	9		6		5		1	
		1						

Time _____

190

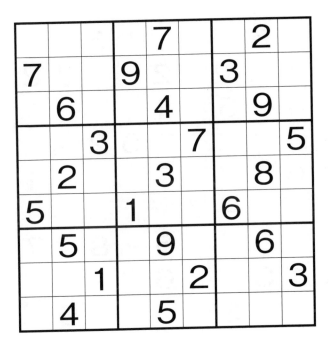

				7			2	
7			9			3		
	6			4			9	
		3			7			5
	2			3			8	
5			1			6		
	5			9			6	
		1			2			3
	4			5				

Time _____

Puzzle 191 Difficult

Time _____

Puzzle 192 Difficult

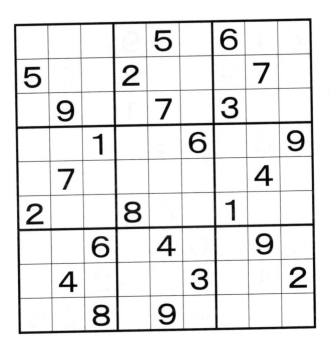

				5		6		
5			2				7	
	9			7		3		
		1			6			9
	7						4	
2			8			1		
		6		4			9	
	4				3			2
		8		9				

Time _____

Time _____

	1		4					
		2		5				7
			3		6		8	
		3				1		2
	7						5	
4		8				6		
	6		8		7			
5				2		4		
					1		3	

Time _____

Puzzle 195 Difficult 🏠

9				3				2
			1				6	
		8				4		
	1				4			
2				1				5
		7					8	
		7				1		
	6				8			
8				2				9

Time _____

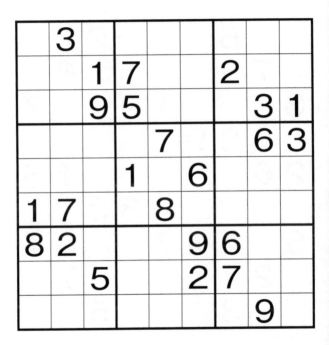

Time _____

Puzzle 197 Difficult

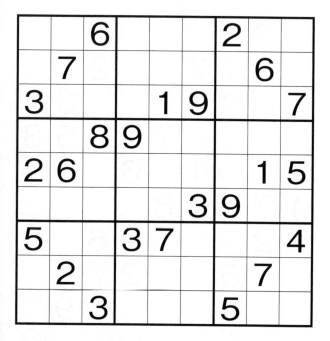

Time _____

Puzzle 198 Difficult

	5			9			6	
4								2
			7		2			
	3			8			9	
5			1		7			8
	8			5			1	
			5		1			
3								7
	1			7			3	

Time _____

	5	8	4			1		
				8	9			6
1								7
	6							1
	2			7			6	
4							3	
8								2
2			3	9				
		7			2	6	4	

Time _____

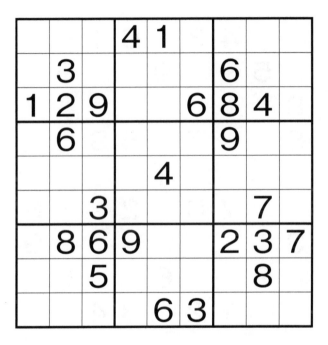

			4	1				
	3					6		
1	2	9			6	8	4	
	6					9		
			4					
		3					7	
	8	6	9			2	3	7
		5					8	
			6	3				

Time _____

Time _____

1			8	3				
		7					5	
3	9		6			8	4	
9								
6	1						8	4
								5
	4	6			1		9	2
	3				7			
			6	2				8

Time _____

Puzzle 203 Difficult 🏠

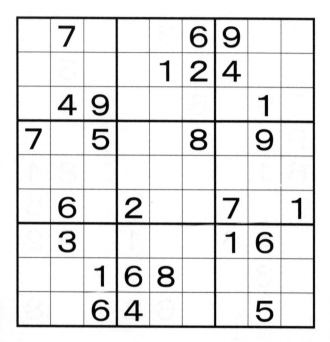

Time _____

		8				2		
	3				1		6	
7				4				
			3				7	1
		4				5		
9	2				8			
			9					8
	6		7				3	
		5				4		

Time _____

		9	8					
	1			7		4	5	
	6				3			1
		6						9
	3						2	
4						5		
2			5				7	
	9	5			4		6	
					7	8		

Time _____

Puzzle 206 Difficult

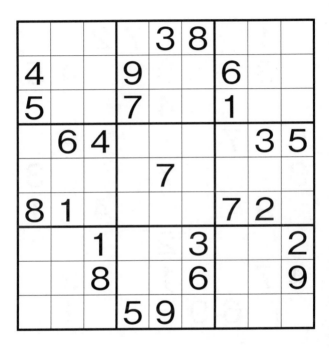

				3	8			
4			9			6		
5			7			1		
	6	4					3	5
				7				
8	1					7	2	
		1			3			2
		8			6			9
			5	9				

Time _____

Puzzle 207 Difficult

Time _____

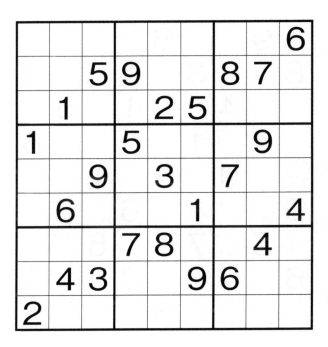

								6
		5	9			8	7	
	1			2	5			
1			5				9	
		9		3		7		
	6				1			4
			7	8			4	
	4	3			9	6		
2								

Time _____

Puzzle 209 Difficult 🏠

Time _____

Time _____

		6				3		
		4			8		7	
	1				5			4
	5			2				3
	6						1	
8				3			5	
2			7				8	
	9		4			7		
		1				4		

Time _____

Time _____

	7				1			
3	4			5		6		
				9			2	
			3					6
	3	8				2	7	
4					5			
	9			2				
		2		8			3	7
			4				1	

Time _____

		9				7		
	8			5			3	
5				7				2
		1	5		7	4		
8	4						7	3
		6	8		3	2		
7				8				9
	9			3			6	
		4				1		

Time _____

Puzzle 215 Difficult 🏠

Time _____

Time _____

Time _____

		9			1			2
	5				7		9	
6				4				
			6				1	3
		1				4		
5	6				8			
				5				7
	8		2				6	
4			8			1		

Time _____

Puzzle 219 Difficult

		4		8			2	
6					2			
			6					1
	1		3		7	8		
9				5				7
		2	4		9		6	
3					6			
			8					5
	9			3		1		

Time _____

		3		6				2
	1	6					5	
			8	4		6		
	8		7					
9								3
					1		2	
		8		1	7			
	3					2	9	
4				5		3		

Time _____

221

Time _____

9					1			7
	4				5		2	
		5		6		9		
2	1			3				
		8	2		9	1		
				7			6	3
		3		1		4		
	9		8				1	
6			5					2

Time _____

223

			5	2	4			
	3	2				9		
5							7	
2			7				5	
		9				1		
	1				3			4
	4							1
		7				6	9	
			8	3	9			

Time _____

					7			
			8	9		3		
	3	4				5		
1					8		6	
	7			1			4	
	8		7					2
		5				8	2	
		9		2	4			
		6						

Time _____

Time _____

			8	9			
2	8		1					
		6					3	7
7			4					
	6	3		7		9	8	
					5			1
5	1					6		
					2		7	3
			8	5				

Time _____

Puzzle 227 Difficult

Time _____

Puzzle 228 Difficult

	5			9			2	
			1		7			
8		4				7		3
		2				9		
	8			2			7	
		6				1		
4		5				2		9
			8		2			
	7			6			3	

Time _____

		3	4					2
	7			6	1			
	1					4	3	
		4						6
			9		8			
7						2		
	2	9					6	
			8	1			9	
5					4	1		

Time _____

Puzzle 230 Difficult

		8			1	2		
			9					
3				4				8
4				1			9	
		7	2		9	1		
	8			6				7
6				5				2
					8			
		3	6			5		

Time _____

Puzzle 231 Difficult 🏠

Time _____

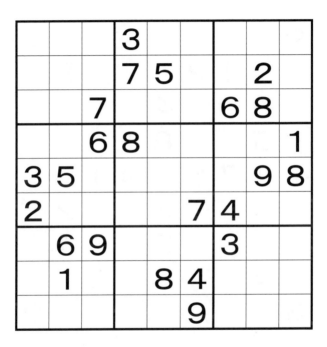

Time _____

9								7
		1	2				5	
	3			4				
	5			6				
		7	8		9	1		
				3			2	
				5			4	
	4				7	6		
3								9

Time _____

	2						8	
1				9				6
			7		2			
		5		8		6		
	6		1		3		7	
		2		4		1		
			8		9			
4				2				9
	8						3	

Time _____

Puzzle 235 Difficult 🏠

1					3	5		
		8	6					
				4			3	7
7				5		1		
		3				9		
		1		2				5
9	4			8				
					7	2		
		5	4					6

Time _____

Puzzle 236 Difficult

3				1				2
	1	9			8		7	
							4	
	6			4				
2			6		5			7
				9			3	
	4							
	9		5			8	2	
8				7				6

Time _____

2		7						1
	1			7			8	
				6				9
			1		4			
	5	8				1	9	
			5		7			
9				3				
	2			5			3	
3						6		4

Time _____

					1	2		
	2			6			5	
4			9					8
1				8				
	7	4				5	1	
				3				7
6					5			9
	3			4			7	
		9	7					

Time _____

Time _____

	1			3			6	
4					9			7
		6				5		
	7		6				3	
5				7				8
	3				8		1	
		1				8		
2			7					9
	9			5			2	

Time _____

			2					
		2	6					5
	8	3			1	6		
			5			9	3	
	7						6	
	1	4		9				
		6	3			1	8	
7					8	4		
				7				

Time _____

Puzzle 242 Difficult 🏠

	1				7			9
2							5	
4			3			1		
		5	7		6			
		6				3		
			4		2	9		
		4			5			6
	5							8
8			9				2	

Time _____

243

		3			8			
	2		4			6	9	
1				5				8
	9				6		7	
8				7				6
	7		8				5	
6				9				4
	5	4			1		3	
			3			2		

Time _____

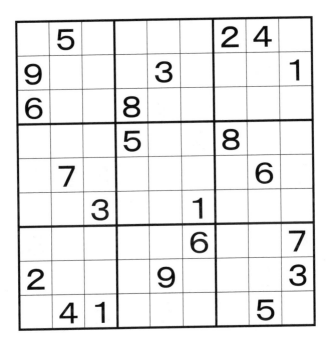

	5					2	4	
9				3				1
6			8					
			5			8		
	7						6	
		3			1			
					6			7
2				9				3
	4	1					5	

Time _____

		1		3		7		
	5			2			4	
4				9				8
			9					
7	6	2				3	9	4
					3			
6				4				5
	2			5			1	
		7		8		2		

Time _____

		6	3					5
	1			5			9	
				7				
			4	2				6
	6	2				8	3	
8				7	3			
			5					
	9			4			5	
7					1	6		

Time _____

		1			5			
	6			1		8		
7			8				9	
		9	4					5
	3			8			2	
6					1	4		
	1				7			9
		6		3			4	
			5			2		

Time _____

		9	7	2				
	6				4	3		
5			9				7	
			4				5	
		5				9		
	7				8			
	4				3			8
		7	1				2	
				4	9	6		

Time _____

2
1

Puzzle 249 Difficult 🏠

					3			
		6	2			7		
	9			1				3
4				3		9	2	
			7		2			
	5	3		8				4
8				5			4	
		1			6	3		
			4					

Time _____

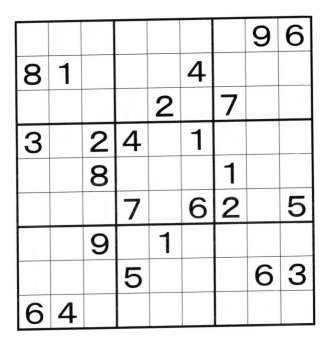

Time _____

Puzzle 251 Difficult 🏠

Time _____

Puzzle 252 Difficult

					5			
		4		9				
		3					6	8
5			4		6			
	7			1			4	
			3		2			9
	6	8				2		
				8		5		
			9					

Time _____

Puzzle 253 Difficult 🏠

Time _____

		6	8	9				
5	7							2
					3	1		
		8		4			1	
	9						2	
	1			6		9		
		9	4					
6							4	7
			7	6	2			

Time _____

Time _____

Puzzle 256 Difficult

		7	2				1	
	1			5				6
6					8			
		2	9			7	6	
				3				
	4	8			2	3		
			5					9
1				2			7	
	5				4	6		

Time _____

257

Puzzle 257 Difficult

		4	2	3			9	
	2				5			8
	5							1
			7			5		
		6				2		
		1			3			
8							5	
2			6				7	
	3			7	1	8		

Time _____

Puzzle 258 Difficult

		1	5			9		
	7			8			6	
4					3			5
8			3			7		
				7				
		7			8			4
9			1					8
	6			5			2	
		3			9	4		

Time _____

Puzzle 259 Difficult

	7		9			1		
4		3			7		8	
	4			1		6		
8			2		6			1
		7		3			9	
	5		6			9		4
		2			5		3	

Time _____

	4			6			7	
5				1				9
			8		2			
		3				5		
	1		6		4		8	
		8				2		
			9		1			
3				2				6
	9			4			3	

Time _____

Puzzle 261 Difficult 🏠

		5	1	2			8	
	6				8			1
3						7		
9				1	6	5	3	
1								6
	3	6	4	8				7
		4						5
5			8				7	
	1			7	4	3		

Time _____

262

Puzzle 262 Difficult

		2	1					
	3			9		7	1	
	4				8			2
		5						3
	6						9	
7						8		
8			2				7	
	9	1		3			6	
					4	5		

Time _____

263

		8	3	5		1		
					4	9	6	
	2							
		3						5
8	6						7	3
1						8		
							2	
	7	1	4					
		4		9	5	6		

Time _____

Puzzle 264 Difficult

	1		4					
		3		6		9		8
	2		5				7	
						6		5
	9						4	
5		6						
	7				5		2	
8		9		7		4		
					6		3	

Time _____

9				4				5
		4		5		1		
		1				3		
	6		5		2		7	
	4		7		3		9	
	8		4		1		6	
		7				9		
		8		1		2		
2				3				8

Time _____

Puzzle 266 Difficult

	4			8			6	
1			6					2
		6					8	
5			3			1		
	7			6			5	
		2			9			7
	6					5		
7					6			9
	9			4			1	

Time _____

Puzzle 267 Difficult 🏠

		8			4			
9			5			4		
	6			2			7	
		5			1			6
	7			5			2	
8			2			1		
	3			1			8	
		6			7			4
			9			7		

Time _____

		1		6		5		
			3		5			
	4						9	
		7	5		3	4		
1				9				7
		9	6		4	8		
	8						2	
			9		7			
		3		2		9		

Time _____

3	7							
1			9	4				6
				5				1
	2	3			6			
	1						8	
			8			4	3	
4			5					
5				1	2			8
							9	5

Time _____

	2			3				5
3			9				6	
		4				8		
	6		5		8			
4				6				2
			2		4		9	
		5				2		
	1				7			8
2				1			7	

Time _____

		2			4		7	
6		9			3		8	
4		3			6		9	
7		4			2			
			3			8		6
	8		4			9		5
	9		2			3		7
	4		7			2		

Time _____

Puzzle 272 Difficult

	3			6			9	
7			9		5			6
				2				
	6						8	
4		2				6		1
	5						3	
				5				
2			8		7			4
	8			9			5	

Time _____

273

	1			5		7		
		2			6			8
			3				9	
		4		9		1		
	5						2	
		6		7		3		
	7				4			
8			1			5		
		9		2			6	

Time _____

		4						
	9		6		1		2	
		2		3		4		1
	7						3	
		5		2		9		
	4						5	
5		3		9		1		
	8		7		2		6	
						5		

Time _____

275

Puzzle 275 Difficult 🏠

Time _____

	4		6		7			3
9						4		
7						5		
	5		8		1			2
2			4		6		8	
		3						5
		7						1
4			9		5		6	

Time _____

		1	9				3	6
	9							
8				4				
6			4		3	2		
	5						9	
		9	6		8			7
				3				8
							7	
1	7				5	4		

Time _____

			1	2			4	
1	9				8			3
		5						
7					6			
	1	6		9		8	2	
			5					6
						6		
2			6				9	4
	3			1	7			

Time _____

		3		5	2			
	1					4		
5			8				7	
			2					4
	3	9				8	1	
6					5			
	8				9			6
		2					3	
			3	7		5		

Time _____

Puzzle 280 Difficult

		1	8			6	
	9	3			4	5		
7								
1				5	4			
	3		6				7	
		5	7					1
								4
	9	2			6	3		
	2		9	8				

Time _____

281

Puzzle 281 Difficult

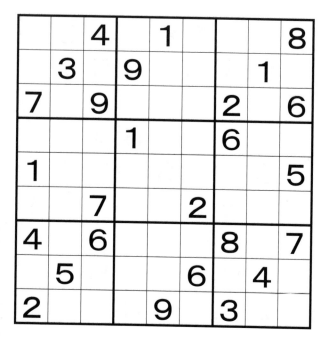

		4		1				8
	3		9				1	
7		9				2		6
			1			6		
1								5
		7			2			
4		6				8		7
	5				6		4	
2				9		3		

Time _____

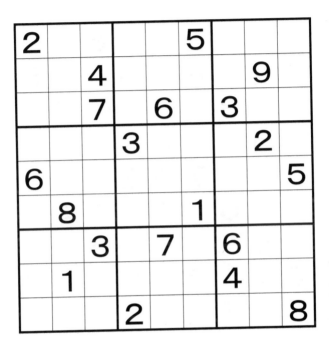

2					5			
		4					9	
		7		6		3		
			3				2	
6								5
	8				1			
		3		7		6		
	1					4		
			2					8

Time _____

Time _____

					6			
	7			4	5			2
5			2			9		
2							8	
	9		1		7		4	
	8							6
		4			8			7
6			4	7			3	
			9					

Time _____

Puzzle 285 Difficult

5						8	7	
		3	2					6
	4			1				5
	5				2			
		6		9		3		
			7				4	
6				8			5	
7					9	6		
	8	9						7

Time _____

		2	3			4	5	
	1				7			
	9				1			
		7	8			6	1	
	5	8				2	9	
			2					8
			4					6
	2	5			3	7		

Time _____

		9	7					
7	2			6	3			
						7	6	2
8	4			7	2			
			6	8			5	9
5	8	1						
			1	9			7	8
					6	3		

Time _____

1				4				2
			7		8			
		5				3		
	7			3			6	
2			8		7			9
	4			2			7	
		9				5		
			5		1			
4				6				7

Time _____

							4	5
			8	4				1
4	8		1					
9					7	5		
		5				6		
		4	3					9
					3		8	2
3				7	9			
5	7							

Time _____

	3	5						
9				3	5			
2				1	8			
						3	8	
	7	8				4	5	
	5	4						
			8	4				6
			3	5				1
						7	9	

Time _____

Puzzle 291 Difficult

Time _____

Puzzle 292 Difficult

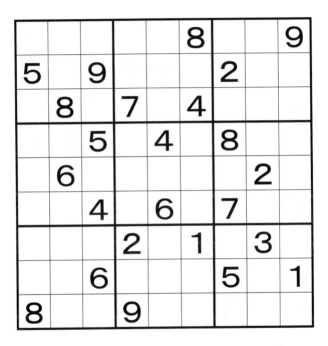

					8			9
5		9				2		
	8		7		4			
		5		4		8		
	6						2	
		4		6		7		
			2		1		3	
		6				5		1
8			9					

Time _____

293

		9			1		6
			8	2	3		7
6							
					6	2	8
5	3	7					
							2
8		9	4	5			
1		5		3			

Time _____

			7				3	
		7			9	5		
8	2			1				
			4				6	1
		9				8		
6	5				3			
				6			4	9
		2	8			7		
	3				5			

Time _____

	4	7			1			5
			3			2	4	
1			9					
6								
	3	4				8	2	
								6
					2			9
	1	9			4			
5			8			7	1	

Time _____

	9				1			6
8		3					7	
	4			8		9		
			7					3
		6		9		2		
9					3			
		7		5			4	
	5					1		9
1			2				8	

Time _____

					6			
		7	9			8	6	
	8			2				
1				3	8			
	9	3				1	7	
			1	5				4
			7				2	
	5	6			1	9		
			4					

Time _____

		8		6			2	
7						9		
	3		9					7
			6		7	1		
4				9				8
		9	5		3			
3					4		7	
		4						5
	6			1		3		

Time _____

Puzzle 299 Difficult

8			3		1			4
	3			6			7	
		4		7		3		
1			4		6			7
		2		9		6		
	7			5			1	
9			7		2			3

Time _____

		4		7			
8		7		6		2		9
	4						7	
		4				3		
			9		6			
		5				1		
	9						8	
3		1		5		4		2
		7		3			

Time _____

Puzzle 301 Difficult

	4				9		2	
5				6				9
		8				4		
6			3		4			
	9			2			7	
			1		7			8
		1				3		
4				5				6
	2		7				8	

Time _____

Puzzle 302 Difficult

		1	2		7	3		
	2			1			5	
	3			4			2	
		4	3		8	9		
	5			6			4	
	6			9			1	
		7	8		3	6		

Time _____

303

3	9				2			
		4	8	3		1		
				5		7		
	7					3		
	3	1				6	8	
		5					1	
		8		6				
		9		2	3	5		
			9				4	6

Time _____

Puzzle 304 Difficult

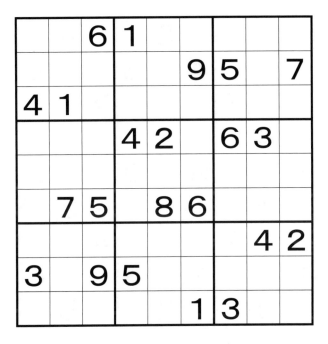

		6	1					
					9	5		7
4	1							
			4	2		6	3	
	7	5		8	6			
							4	2
3		9	5					
					1	3		

Time _____

	2			5			8	
1			4		6			9
		3				7		
	4						1	
5			8		9			2
	6						3	
		7				4		
8			1		3			6
	9			2			5	

Time _____

306

8				7				6
	2				5		8	
			1					
	1			9		7		
2			7		4			5
		5		6			4	
					9			
	9		6				1	
4				1				2

Time _____

Puzzle 307 Difficult 🏠

Time _____

			5					
	5					8	7	
	3	7			1	2		
		1	4		5			9
2			8		3	5		
		9	3			4	5	
	7	2					8	
				2				

Time _____

			3				4	
		4		5				6
	8			9		3		
		9	4		8			
	3						2	
			2		7	1		
		1		7			9	
9				8		7		
	5				3			

Time _____

5			7				8	
	4			1				5
	3				6			
7						2		
9			2		3			1
		6						3
			1				5	
8				9			1	
	9				7			8

Time _____

			6					
						8	2	1
1	2	3	4					6
			5				8	
		6		9		3		
	7				3			
2					9	5	6	3
4	3	8						
					7			

Time _____

	9		6		7		3	
		3		4		1		
	2		5		1		4	
		1				3		
	7		2		6		8	
		4		9		8		
	5		8		2		7	

Time _____

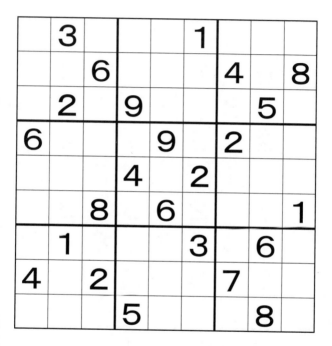

Time _____

Puzzle 314 Difficult

		1				6		
	8		2		6		5	
6				3				1
	9				4		7	
		2				5		
	4		9				6	
1				8				7
	2		7		3		1	
		9				4		

Time _____

Puzzle 315 Difficult 🏠

			3				1	
	9	4			1			7
2			7			4		
				5		3		
5	8						6	9
		3		8				
		7			5			6
6			4			2	8	
	1				6			

Time _____

Puzzle 316 Difficult

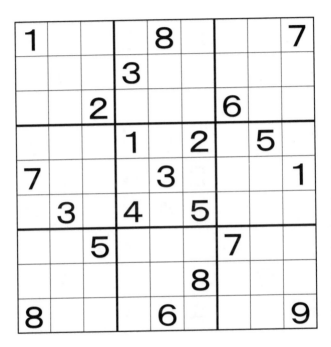

1				8				7
			3					
		2				6		
			1		2		5	
7				3				1
	3		4		5			
		5				7		
					8			
8				6				9

Time _____

317

5			6		2			1
	1						5	
		3				4		
1				9				3
			2		8			
7				4				2
		5				7		
	9						4	
6			4		3			8

Time _____

Puzzle 318 Difficult

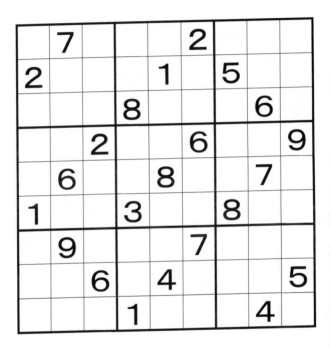

	7				2			
2				1		5		
		8					6	
		2			6			9
	6			8			7	
1			3			8		
	9				7			
		6		4				5
			1				4	

Time _____

		9	4					
	7			5	6			2
6							8	
	3	8				5		
			2		1			
		4				3	2	
	1							9
5			8	1			7	
				7	2			

Time _____

S U D O K U

Solutions

1

7	1	6	5	4	3	2	8	9
5	9	8	2	6	7	1	4	3
3	2	4	1	8	9	6	7	5
9	8	3	7	2	1	4	5	6
2	4	5	8	3	6	7	9	1
6	7	1	4	9	5	8	3	2
8	6	7	3	5	2	9	1	4
4	3	2	9	1	8	5	6	7
1	5	9	6	7	4	3	2	8

2

5	8	6	2	1	9	4	3	7
7	4	9	5	3	6	8	2	1
1	3	2	7	8	4	9	6	5
3	9	1	4	6	5	7	8	2
8	2	4	1	9	7	6	5	3
6	7	5	3	2	8	1	4	9
2	6	3	9	4	1	5	7	8
4	1	7	8	5	2	3	9	6
9	5	8	6	7	3	2	1	4

3

6	2	9	8	7	5	4	3	1
3	5	1	4	9	6	8	2	7
7	4	8	1	2	3	5	9	6
2	8	6	3	4	7	9	1	5
5	1	3	9	8	2	6	7	4
4	9	7	6	5	1	3	8	2
1	7	4	5	3	9	2	6	8
9	6	5	2	1	8	7	4	3
8	3	2	7	6	4	1	5	9

4

2	3	4	5	1	6	8	7	9
7	9	8	4	2	3	1	6	5
1	5	6	9	7	8	4	2	3
8	1	9	2	4	7	5	3	6
6	2	5	3	8	9	7	4	1
4	7	3	6	5	1	9	8	2
9	6	1	8	3	4	2	5	7
3	8	2	7	9	5	6	1	4
5	4	7	1	6	2	3	9	8

5

2	3	5	9	8	6	1	4	7
9	6	8	1	4	7	5	2	3
7	4	1	3	2	5	6	9	8
3	5	7	4	1	2	8	6	9
4	8	2	6	5	9	3	7	1
6	1	9	8	7	3	4	5	2
1	9	4	7	6	8	2	3	5
8	2	3	5	9	4	7	1	6
5	7	6	2	3	1	9	8	4

6

5	8	7	4	3	6	9	1	2
6	9	1	5	2	8	3	4	7
4	3	2	1	9	7	8	5	6
7	5	3	8	1	9	6	2	4
8	2	4	6	5	3	7	9	1
1	6	9	7	4	2	5	3	8
9	1	8	3	6	4	2	7	5
3	7	5	2	8	1	4	6	9
2	4	6	9	7	5	1	8	3

7

8	9	4	5	1	6	3	2	7
5	7	2	3	9	8	4	1	6
6	3	1	7	2	4	9	5	8
4	6	8	2	3	5	1	7	9
2	1	7	8	6	9	5	4	3
9	5	3	4	7	1	6	8	2
3	2	6	1	5	7	8	9	4
1	4	9	6	8	2	7	3	5
7	8	5	9	4	3	2	6	1

8

9	8	2	4	1	5	6	7	3
4	3	7	2	6	9	1	8	5
1	6	5	3	7	8	4	9	2
8	1	3	5	4	6	9	2	7
5	2	4	7	9	3	8	1	6
7	9	6	1	8	2	3	5	4
3	5	8	9	2	4	7	6	1
2	7	9	6	3	1	5	4	8
6	4	1	8	5	7	2	3	9

9

2	5	7	1	9	4	3	8	6
1	6	4	3	5	8	7	2	9
8	9	3	2	7	6	1	4	5
6	1	8	9	3	5	4	7	2
9	3	5	7	4	2	8	6	1
4	7	2	6	8	1	9	5	3
3	2	1	8	6	7	5	9	4
7	4	9	5	2	3	6	1	8
5	8	6	4	1	9	2	3	7

10

6	9	7	2	5	1	8	4	3
2	1	8	4	9	3	5	6	7
5	3	4	8	7	6	9	1	2
4	6	9	3	2	5	1	7	8
1	2	3	9	8	7	6	5	4
7	8	5	1	6	4	2	3	9
9	5	6	7	4	8	3	2	1
3	4	2	5	1	9	7	8	6
8	7	1	6	3	2	4	9	5

11

3	2	9	7	6	8	4	1	5
5	1	8	3	9	4	7	2	6
7	4	6	2	5	1	9	3	8
2	3	5	8	7	9	1	6	4
8	7	4	6	1	3	2	5	9
9	6	1	4	2	5	8	7	3
4	8	7	1	3	6	5	9	2
1	9	3	5	4	2	6	8	7
6	5	2	9	8	7	3	4	1

12

8	7	9	2	3	1	4	5	6
5	4	2	6	9	7	3	8	1
1	3	6	4	8	5	2	7	9
4	8	1	7	2	3	6	9	5
6	2	7	5	4	9	1	3	8
9	5	3	1	6	8	7	2	4
2	6	8	9	7	4	5	1	3
7	9	5	3	1	6	8	4	2
3	1	4	8	5	2	9	6	7

13

3	2	9	8	6	5	4	1	7
7	8	6	1	4	2	5	9	3
4	1	5	3	7	9	8	2	6
8	9	3	4	1	7	6	5	2
2	4	7	5	3	6	9	8	1
5	6	1	9	2	8	3	7	4
1	5	2	6	9	4	7	3	8
6	7	8	2	5	3	1	4	9
9	3	4	7	8	1	2	6	5

14

5	8	1	4	3	6	7	2	9
2	9	6	1	7	8	5	4	3
4	3	7	2	5	9	6	8	1
6	5	2	9	8	3	4	1	7
8	7	4	6	1	2	3	9	5
3	1	9	7	4	5	8	6	2
9	6	5	3	2	4	1	7	8
1	2	8	5	6	7	9	3	4
7	4	3	8	9	1	2	5	6

15

7	1	5	6	2	9	8	3	4
3	4	8	5	7	1	2	6	9
9	6	2	4	8	3	5	7	1
8	9	4	7	1	2	6	5	3
2	7	1	3	5	6	9	4	8
5	3	6	8	9	4	7	1	2
6	2	9	1	3	7	4	8	5
1	5	7	2	4	8	3	9	6
4	8	3	9	6	5	1	2	7

16

1	8	5	7	3	6	2	4	9
4	9	2	8	5	1	6	3	7
6	3	7	9	2	4	8	5	1
2	4	3	1	7	5	9	8	6
7	6	9	2	8	3	5	1	4
5	1	8	6	4	9	7	2	3
3	7	4	5	9	2	1	6	8
9	5	6	3	1	8	4	7	2
8	2	1	4	6	7	3	9	5

17

8	7	4	5	9	2	1	3	6
1	3	2	6	4	7	9	5	8
5	9	6	8	3	1	4	7	2
3	4	9	1	2	6	7	8	5
6	2	8	4	7	5	3	1	9
7	5	1	9	8	3	2	6	4
4	1	3	2	6	8	5	9	7
9	8	7	3	5	4	6	2	1
2	6	5	7	1	9	8	4	3

18

4	7	8	2	3	5	9	6	1
3	9	5	6	1	8	2	7	4
1	6	2	4	9	7	3	5	8
8	3	9	7	5	4	1	2	6
5	2	6	3	8	1	7	4	9
7	1	4	9	2	6	8	3	5
9	5	7	1	6	2	4	8	3
2	8	3	5	4	9	6	1	7
6	4	1	8	7	3	5	9	2

19

2	7	6	9	5	1	4	3	8
8	5	3	6	2	4	7	9	1
4	9	1	3	8	7	2	5	6
9	4	7	5	3	8	1	6	2
6	1	8	7	9	2	3	4	5
3	2	5	4	1	6	9	8	7
5	6	2	1	4	9	8	7	3
1	3	9	8	7	5	6	2	4
7	8	4	2	6	3	5	1	9

20

7	5	3	4	2	9	6	1	8
6	4	1	5	7	8	9	2	3
8	9	2	1	6	3	5	4	7
3	6	9	2	8	1	7	5	4
5	7	4	3	9	6	2	8	1
1	2	8	7	4	5	3	9	6
2	1	6	9	3	4	8	7	5
9	3	5	8	1	7	4	6	2
4	8	7	6	5	2	1	3	9

21

2	9	3	5	8	4	6	1	7
6	1	5	3	7	2	9	4	8
8	4	7	9	6	1	2	3	5
7	2	6	1	9	8	3	5	4
3	8	4	7	2	5	1	9	6
9	5	1	6	4	3	8	7	2
5	7	9	2	1	6	4	8	3
4	3	2	8	5	9	7	6	1
1	6	8	4	3	7	5	2	9

22

4	5	8	1	7	6	3	9	2
2	7	1	9	3	8	6	4	5
6	3	9	5	4	2	7	8	1
1	2	5	3	6	9	8	7	4
7	9	6	4	8	5	1	2	3
8	4	3	2	1	7	9	5	6
9	8	2	6	5	3	4	1	7
3	1	7	8	2	4	5	6	9
5	6	4	7	9	1	2	3	8

23

6	1	7	3	2	8	4	5	9
3	9	8	4	5	1	2	6	7
4	2	5	6	7	9	3	1	8
7	4	1	5	9	6	8	2	3
2	3	9	8	1	7	6	4	5
5	8	6	2	3	4	9	7	1
9	5	4	1	6	3	7	8	2
8	7	2	9	4	5	1	3	6
1	6	3	7	8	2	5	9	4

24

8	1	5	4	3	9	2	7	6
3	7	6	2	5	1	4	8	9
4	9	2	7	8	6	5	3	1
7	2	4	9	6	5	3	1	8
6	5	8	3	1	7	9	4	2
1	3	9	8	4	2	7	6	5
9	4	1	5	7	8	6	2	3
5	6	7	1	2	3	8	9	4
2	8	3	6	9	4	1	5	7

25

3	9	1	6	5	7	2	4	8
5	8	7	2	9	4	3	6	1
4	2	6	3	1	8	9	5	7
7	4	5	8	2	1	6	3	9
6	3	9	4	7	5	1	8	2
2	1	8	9	3	6	4	7	5
8	7	2	1	4	3	5	9	6
9	5	3	7	6	2	8	1	4
1	6	4	5	8	9	7	2	3

26

3	1	8	2	7	4	9	6	5
2	5	4	1	6	9	3	7	8
9	6	7	3	5	8	1	2	4
1	2	3	9	4	5	6	8	7
7	4	5	8	3	6	2	1	9
6	8	9	7	2	1	5	4	3
8	3	2	5	1	7	4	9	6
4	7	1	6	9	3	8	5	2
5	9	6	4	8	2	7	3	1

27

4	6	3	9	8	1	2	7	5
1	8	9	7	5	2	6	4	3
5	2	7	3	4	6	1	9	8
2	9	1	4	3	8	7	5	6
8	7	4	6	1	5	9	3	2
6	3	5	2	7	9	8	1	4
7	5	2	8	9	4	3	6	1
3	4	6	1	2	7	5	8	9
9	1	8	5	6	3	4	2	7

28

8	7	4	2	9	1	5	6	3
6	1	2	5	8	3	4	7	9
5	9	3	6	7	4	1	8	2
2	4	5	9	6	7	8	3	1
9	8	6	3	1	2	7	5	4
7	3	1	4	5	8	2	9	6
4	2	9	8	3	5	6	1	7
1	6	8	7	2	9	3	4	5
3	5	7	1	4	6	9	2	8

29

2	1	4	6	3	9	8	7	5
6	8	3	5	7	1	2	9	4
7	9	5	4	8	2	6	3	1
9	4	8	2	1	5	3	6	7
5	3	2	7	4	6	1	8	9
1	6	7	3	9	8	4	5	2
4	7	1	9	6	3	5	2	8
8	5	6	1	2	7	9	4	3
3	2	9	8	5	4	7	1	6

30

8	2	1	6	3	4	5	7	9
4	7	9	2	5	8	3	6	1
5	3	6	9	7	1	2	8	4
9	1	4	8	6	2	7	5	3
3	5	8	4	1	7	6	9	2
2	6	7	3	9	5	1	4	8
7	8	3	1	4	6	9	2	5
6	9	2	5	8	3	4	1	7
1	4	5	7	2	9	8	3	6

31

4	3	6	2	9	7	8	1	5
1	7	8	6	5	3	2	9	4
5	9	2	1	8	4	3	6	7
7	5	9	8	4	2	1	3	6
3	8	4	7	6	1	9	5	2
6	2	1	5	3	9	7	4	8
9	6	5	3	2	8	4	7	1
8	4	7	9	1	5	6	2	3
2	1	3	4	7	6	5	8	9

32

6	2	1	3	5	9	8	4	7
3	8	4	1	7	2	5	6	9
7	9	5	6	4	8	1	2	3
2	3	8	4	9	1	7	5	6
1	5	9	7	2	6	4	3	8
4	7	6	5	8	3	2	9	1
5	6	3	2	1	7	9	8	4
9	1	2	8	3	4	6	7	5
8	4	7	9	6	5	3	1	2

33

9	6	7	2	1	8	3	5	4
1	4	3	9	5	6	8	2	7
8	5	2	4	7	3	9	6	1
6	9	4	5	8	2	7	1	3
3	1	8	6	4	7	5	9	2
2	7	5	3	9	1	6	4	8
7	3	6	1	2	9	4	8	5
4	2	9	8	3	5	1	7	6
5	8	1	7	6	4	2	3	9

34

7	1	9	4	3	2	6	5	8
8	4	3	6	7	5	2	1	9
5	2	6	1	8	9	7	3	4
4	7	5	8	1	6	3	9	2
1	3	2	7	9	4	5	8	6
9	6	8	2	5	3	4	7	1
6	8	7	5	2	1	9	4	3
3	5	4	9	6	8	1	2	7
2	9	1	3	4	7	8	6	5

35

4	9	5	8	3	2	7	1	6
2	6	8	1	7	5	4	3	9
7	1	3	6	9	4	2	5	8
1	8	4	5	2	6	9	7	3
3	5	6	9	1	7	8	4	2
9	7	2	3	4	8	5	6	1
5	3	1	7	8	9	6	2	4
8	2	7	4	6	1	3	9	5
6	4	9	2	5	3	1	8	7

36

3	9	7	1	4	6	2	8	5
4	6	2	5	9	8	1	7	3
1	8	5	7	3	2	9	4	6
8	1	4	9	7	3	5	6	2
5	2	3	8	6	4	7	1	9
6	7	9	2	1	5	4	3	8
9	3	8	4	2	7	6	5	1
2	4	6	3	5	1	8	9	7
7	5	1	6	8	9	3	2	4

37

4	8	7	9	2	3	6	5	1
9	2	1	6	5	4	3	7	8
6	3	5	7	1	8	9	4	2
5	6	3	2	4	7	8	1	9
7	9	8	1	3	6	4	2	5
2	1	4	5	8	9	7	3	6
8	7	2	4	6	5	1	9	3
1	4	6	3	9	2	5	8	7
3	5	9	8	7	1	2	6	4

38

5	1	9	6	2	3	7	8	4
4	3	8	1	5	7	2	9	6
7	6	2	4	9	8	1	3	5
9	8	1	5	7	6	3	4	2
2	4	5	8	3	1	9	6	7
3	7	6	2	4	9	8	5	1
1	9	4	7	8	5	6	2	3
6	5	3	9	1	2	4	7	8
8	2	7	3	6	4	5	1	9

39

5	9	6	8	7	4	1	2	3
8	1	2	3	5	6	4	9	7
7	4	3	2	9	1	5	8	6
9	5	4	6	8	7	2	3	1
1	2	7	9	3	5	8	6	4
6	3	8	1	4	2	9	7	5
3	6	5	4	2	8	7	1	9
4	8	9	7	1	3	6	5	2
2	7	1	5	6	9	3	4	8

40

8	6	2	5	1	3	7	4	9
5	7	4	9	8	6	1	2	3
9	1	3	2	7	4	5	8	6
3	8	1	4	6	5	9	7	2
4	2	7	8	3	9	6	1	5
6	5	9	1	2	7	4	3	8
1	3	6	7	9	8	2	5	4
2	9	5	3	4	1	8	6	7
7	4	8	6	5	2	3	9	1

41

1	3	9	8	2	5	6	7	4
2	4	7	9	1	6	8	3	5
5	6	8	7	3	4	9	2	1
4	2	1	3	6	8	5	9	7
3	8	6	5	7	9	4	1	2
7	9	5	1	4	2	3	6	8
8	5	2	6	9	7	1	4	3
9	1	4	2	5	3	7	8	6
6	7	3	4	8	1	2	5	9

42

1	5	8	2	7	3	9	4	6
2	9	6	5	4	1	7	3	8
4	3	7	8	9	6	5	2	1
8	2	3	1	5	4	6	9	7
7	1	9	3	6	8	2	5	4
6	4	5	7	2	9	8	1	3
9	8	2	4	3	7	1	6	5
5	7	4	6	1	2	3	8	9
3	6	1	9	8	5	4	7	2

43

6	2	3	4	5	9	7	8	1
4	1	9	7	8	6	5	2	3
8	7	5	1	2	3	6	9	4
2	3	7	5	1	8	4	6	9
5	4	6	9	7	2	1	3	8
1	9	8	6	3	4	2	5	7
7	6	1	8	9	5	3	4	2
3	8	4	2	6	7	9	1	5
9	5	2	3	4	1	8	7	6

44

6	9	8	2	5	4	1	3	7
5	7	2	1	8	3	9	4	6
3	4	1	6	7	9	2	5	8
7	2	3	8	4	1	5	6	9
1	5	9	3	6	2	8	7	4
4	8	6	7	9	5	3	1	2
9	6	5	4	1	8	7	2	3
8	3	4	5	2	7	6	9	1
2	1	7	9	3	6	4	8	5

45

1	8	2	3	4	9	7	5	6
5	9	4	7	6	1	2	3	8
6	7	3	8	2	5	4	1	9
9	4	6	2	5	3	8	7	1
8	5	1	4	7	6	3	9	2
3	2	7	9	1	8	5	6	4
7	1	9	5	8	2	6	4	3
2	6	5	1	3	4	9	8	7
4	3	8	6	9	7	1	2	5

46

1	6	9	4	5	2	8	3	7
4	5	3	8	6	7	2	9	1
2	8	7	1	9	3	4	5	6
9	2	8	7	4	6	3	1	5
7	4	5	3	1	8	6	2	9
3	1	6	5	2	9	7	4	8
8	9	1	2	7	4	5	6	3
6	3	4	9	8	5	1	7	2
5	7	2	6	3	1	9	8	4

47

4	1	6	5	2	8	9	3	7
2	8	9	6	7	3	4	5	1
3	5	7	4	1	9	2	8	6
1	7	4	9	8	6	3	2	5
8	9	2	3	5	1	6	7	4
6	3	5	2	4	7	8	1	9
5	6	8	7	3	4	1	9	2
9	2	3	1	6	5	7	4	8
7	4	1	8	9	2	5	6	3

48

6	4	9	7	8	3	1	2	5
1	2	5	9	4	6	7	8	3
8	7	3	2	1	5	4	6	9
9	8	4	1	3	2	6	5	7
5	1	2	6	7	4	9	3	8
3	6	7	5	9	8	2	4	1
2	5	1	3	6	9	8	7	4
4	9	6	8	5	7	3	1	2
7	3	8	4	2	1	5	9	6

49

7	3	2	5	8	9	6	1	4
6	9	8	4	1	2	3	5	7
1	5	4	6	7	3	8	9	2
4	8	1	7	9	5	2	6	3
2	7	3	8	6	1	5	4	9
9	6	5	3	2	4	1	7	8
5	1	7	9	3	8	4	2	6
8	2	6	1	4	7	9	3	5
3	4	9	2	5	6	7	8	1

50

1	7	5	8	2	6	4	9	3
3	8	9	7	1	4	2	6	5
6	2	4	3	5	9	1	8	7
7	4	3	1	8	5	6	2	9
9	5	1	2	6	7	3	4	8
8	6	2	9	4	3	5	7	1
4	3	6	5	9	8	7	1	2
5	1	8	6	7	2	9	3	4
2	9	7	4	3	1	8	5	6

51

3	4	9	5	8	1	7	2	6
8	1	6	2	9	7	5	4	3
5	7	2	6	3	4	9	8	1
4	5	3	1	7	9	8	6	2
9	2	8	3	4	6	1	5	7
1	6	7	8	2	5	4	3	9
2	3	1	7	5	8	6	9	4
6	9	5	4	1	2	3	7	8
7	8	4	9	6	3	2	1	5

52

2	9	7	6	4	5	3	1	8
3	1	4	8	2	7	5	6	9
6	5	8	1	9	3	7	2	4
5	2	9	3	1	6	4	8	7
7	8	6	4	5	9	1	3	2
1	4	3	7	8	2	9	5	6
8	6	1	5	7	4	2	9	3
9	7	5	2	3	8	6	4	1
4	3	2	9	6	1	8	7	5

53

3	1	5	6	4	2	8	9	7
7	8	2	3	5	9	1	4	6
9	6	4	7	1	8	5	2	3
5	3	8	2	6	1	4	7	9
4	9	6	5	7	3	2	1	8
2	7	1	9	8	4	6	3	5
6	5	3	4	2	7	9	8	1
8	2	7	1	9	6	3	5	4
1	4	9	8	3	5	7	6	2

54

1	3	7	5	8	9	6	4	2
4	6	8	2	3	7	1	5	9
5	2	9	6	4	1	3	7	8
6	4	5	3	9	2	8	1	7
7	8	1	4	6	5	2	9	3
2	9	3	1	7	8	4	6	5
9	7	6	8	2	4	5	3	1
8	1	4	7	5	3	9	2	6
3	5	2	9	1	6	7	8	4

55

2	4	3	7	9	1	5	6	8
7	1	6	5	8	2	9	4	3
9	8	5	3	4	6	2	1	7
6	5	7	4	1	8	3	2	9
3	9	1	2	7	5	4	8	6
8	2	4	6	3	9	7	5	1
1	3	2	9	6	4	8	7	5
5	7	8	1	2	3	6	9	4
4	6	9	8	5	7	1	3	2

56

8	3	5	9	1	2	6	4	7
1	4	6	3	7	8	2	5	9
7	2	9	6	5	4	3	1	8
2	6	3	7	9	1	5	8	4
4	9	8	2	6	5	1	7	3
5	1	7	8	4	3	9	6	2
6	5	2	4	8	9	7	3	1
9	8	1	5	3	7	4	2	6
3	7	4	1	2	6	8	9	5

57

4	3	7	9	1	6	8	2	5
2	1	6	7	8	5	3	9	4
5	9	8	3	4	2	6	1	7
3	8	5	1	6	4	2	7	9
7	2	1	8	9	3	5	4	6
9	6	4	5	2	7	1	3	8
1	5	2	4	7	8	9	6	3
8	7	9	6	3	1	4	5	2
6	4	3	2	5	9	7	8	1

58

4	1	5	3	6	7	9	8	2
2	7	8	1	9	4	6	3	5
6	3	9	8	5	2	7	4	1
1	6	3	5	4	9	8	2	7
8	5	2	7	1	3	4	6	9
7	9	4	2	8	6	1	5	3
5	4	6	9	3	1	2	7	8
9	8	7	4	2	5	3	1	6
3	2	1	6	7	8	5	9	4

59

9	6	8	5	1	4	3	2	7
3	7	4	2	8	6	5	9	1
1	5	2	9	7	3	6	8	4
5	2	1	3	9	7	8	4	6
8	3	6	4	2	1	7	5	9
7	4	9	8	6	5	2	1	3
4	8	7	1	3	2	9	6	5
2	1	3	6	5	9	4	7	8
6	9	5	7	4	8	1	3	2

60

2	9	4	3	5	7	6	8	1
3	5	1	6	8	4	9	7	2
6	8	7	9	2	1	3	4	5
8	7	2	5	6	9	4	1	3
1	3	9	7	4	2	8	5	6
4	6	5	8	1	3	7	2	9
9	1	8	2	7	6	5	3	4
7	4	3	1	9	5	2	6	8
5	2	6	4	3	8	1	9	7

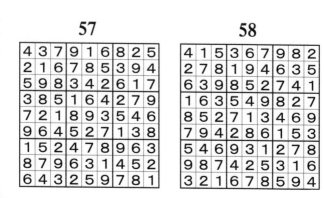

61

5	4	9	1	6	7	3	2	8
3	1	7	4	8	2	9	5	6
2	6	8	3	9	5	1	7	4
4	8	5	9	7	3	6	1	2
7	3	1	6	2	4	8	9	5
6	9	2	5	1	8	7	4	3
9	2	6	8	4	1	5	3	7
1	5	4	7	3	6	2	8	9
8	7	3	2	5	9	4	6	1

62

1	3	2	6	7	8	9	4	5
6	9	4	3	5	2	1	8	7
5	7	8	4	1	9	6	3	2
3	1	6	9	4	5	2	7	8
9	2	5	7	8	1	3	6	4
4	8	7	2	6	3	5	1	9
7	5	9	1	3	4	8	2	6
8	4	1	5	2	6	7	9	3
2	6	3	8	9	7	4	5	1

63

7	4	6	5	8	3	9	1	2
3	8	9	2	4	1	5	6	7
1	2	5	9	6	7	3	8	4
6	5	8	1	7	4	2	3	9
9	3	4	8	2	5	1	7	6
2	1	7	3	9	6	4	5	8
4	6	1	7	3	2	8	9	5
8	7	3	4	5	9	6	2	1
5	9	2	6	1	8	7	4	3

64

5	1	4	9	8	6	2	3	7
3	2	6	5	7	4	8	9	1
9	8	7	2	3	1	4	6	5
6	3	5	7	4	9	1	8	2
7	9	1	8	5	2	6	4	3
2	4	8	1	6	3	7	5	9
1	6	2	3	9	8	5	7	4
8	5	9	4	2	7	3	1	6
4	7	3	6	1	5	9	2	8

65

4	2	1	5	9	6	3	7	8
5	8	6	2	3	7	4	1	9
3	7	9	8	4	1	2	6	5
6	1	5	9	7	3	8	2	4
8	9	7	6	2	4	5	3	1
2	3	4	1	5	8	7	9	6
7	6	3	4	8	9	1	5	2
1	4	2	3	6	5	9	8	7
9	5	8	7	1	2	6	4	3

66

9	6	5	3	4	2	7	1	8
8	7	4	9	5	1	6	3	2
3	1	2	7	6	8	5	4	9
1	4	9	8	7	6	3	2	5
2	5	6	4	1	3	9	8	7
7	8	3	2	9	5	1	6	4
6	2	8	5	3	9	4	7	1
4	9	1	6	8	7	2	5	3
5	3	7	1	2	4	8	9	6

67

5	7	2	3	8	4	9	6	1
3	4	1	5	6	9	8	7	2
9	6	8	2	7	1	3	5	4
6	3	7	8	1	5	2	4	9
4	1	9	6	3	2	7	8	5
2	8	5	4	9	7	6	1	3
7	5	4	9	2	8	1	3	6
8	2	6	1	4	3	5	9	7
1	9	3	7	5	6	4	2	8

68

8	4	7	6	3	1	2	9	5
5	3	1	9	2	8	7	4	6
2	9	6	5	7	4	1	8	3
4	1	2	7	6	9	5	3	8
9	8	3	4	5	2	6	1	7
6	7	5	1	8	3	4	2	9
7	2	8	3	1	6	9	5	4
3	6	4	2	9	5	8	7	1
1	5	9	8	4	7	3	6	2

69

1	6	4	9	2	8	5	3	7
9	3	2	5	7	4	6	1	8
5	7	8	1	3	6	4	9	2
8	2	3	6	9	5	7	4	1
6	4	5	7	1	2	3	8	9
7	9	1	4	8	3	2	5	6
2	1	6	3	5	9	8	7	4
4	5	9	8	6	7	1	2	3
3	8	7	2	4	1	9	6	5

70

6	5	9	8	3	2	4	7	1
8	7	3	1	6	4	9	5	2
1	4	2	9	7	5	8	6	3
5	2	1	7	9	3	6	8	4
3	6	8	5	4	1	7	2	9
7	9	4	6	2	8	1	3	5
2	1	5	4	8	6	3	9	7
9	3	6	2	1	7	5	4	8
4	8	7	3	5	9	2	1	6

71

5	8	4	6	7	2	9	3	1
7	2	1	4	9	3	6	8	5
3	6	9	8	1	5	7	4	2
9	5	3	7	2	1	4	6	8
4	7	2	9	6	8	5	1	3
6	1	8	5	3	4	2	9	7
2	9	7	1	8	6	3	5	4
1	4	6	3	5	7	8	2	9
8	3	5	2	4	9	1	7	6

72

3	7	6	5	4	8	9	2	1
9	1	5	2	6	7	4	8	3
4	8	2	1	9	3	7	6	5
1	9	3	4	5	6	8	7	2
2	4	8	7	1	9	3	5	6
6	5	7	8	3	2	1	9	4
7	6	1	9	2	4	5	3	8
8	3	4	6	7	5	2	1	9
5	2	9	3	8	1	6	4	7

73

3	9	2	6	7	8	5	1	4
1	7	4	5	9	3	8	6	2
5	8	6	2	1	4	3	7	9
7	3	8	4	5	9	6	2	1
4	6	1	7	8	2	9	5	3
2	5	9	3	6	1	7	4	8
8	4	7	9	2	6	1	3	5
9	2	5	1	3	7	4	8	6
6	1	3	8	4	5	2	9	7

74

4	5	9	2	6	7	8	1	3
6	1	7	4	8	3	9	2	5
8	2	3	9	1	5	6	4	7
1	3	5	8	2	9	4	7	6
7	8	6	5	3	4	1	9	2
9	4	2	1	7	6	5	3	8
2	6	4	7	9	8	3	5	1
3	9	1	6	5	2	7	8	4
5	7	8	3	4	1	2	6	9

75

3	1	7	4	5	2	9	8	6
4	5	9	8	1	6	7	2	3
6	2	8	3	7	9	5	4	1
8	9	6	5	3	7	4	1	2
1	7	3	2	8	4	6	9	5
5	4	2	9	6	1	3	7	8
7	8	1	6	4	5	2	3	9
9	3	5	7	2	8	1	6	4
2	6	4	1	9	3	8	5	7

76

1	7	2	8	4	6	9	3	5
8	5	3	9	1	2	4	7	6
6	4	9	3	5	7	8	1	2
7	2	5	1	3	8	6	9	4
9	1	8	7	6	4	5	2	3
3	6	4	2	9	5	7	8	1
4	3	7	5	2	9	1	6	8
5	9	1	6	8	3	2	4	7
2	8	6	4	7	1	3	5	9

77

8	9	3	2	4	1	7	6	5
2	4	5	6	7	9	1	3	8
6	1	7	3	8	5	2	4	9
7	6	2	5	9	3	8	1	4
9	3	4	1	2	8	5	7	6
1	5	8	7	6	4	9	2	3
4	8	6	9	1	2	3	5	7
3	2	9	4	5	7	6	8	1
5	7	1	8	3	6	4	9	2

78

8	6	3	5	1	9	2	7	4
4	5	2	7	3	8	6	9	1
9	1	7	2	4	6	3	5	8
2	7	9	3	8	4	1	6	5
5	8	4	1	6	2	7	3	9
6	3	1	9	5	7	4	8	2
3	9	8	4	7	1	5	2	6
1	2	5	6	9	3	8	4	7
7	4	6	8	2	5	9	1	3

79

4	5	8	2	7	9	3	6	1
1	2	9	3	6	8	7	5	4
3	7	6	1	5	4	8	9	2
9	1	4	8	2	5	6	7	3
7	8	2	6	9	3	4	1	5
5	6	3	4	1	7	2	8	9
6	9	5	7	3	2	1	4	8
2	4	1	5	8	6	9	3	7
8	3	7	9	4	1	5	2	6

80

2	5	9	7	8	3	6	4	1
6	8	3	4	1	2	5	9	7
4	7	1	9	6	5	3	2	8
7	4	6	1	2	8	9	3	5
3	1	2	5	9	4	7	8	6
5	9	8	6	3	7	2	1	4
1	2	5	3	4	6	8	7	9
8	6	4	2	7	9	1	5	3
9	3	7	8	5	1	4	6	2

81

7	8	4	5	6	1	2	9	3
3	1	9	8	2	7	5	6	4
6	2	5	9	4	3	1	8	7
4	9	6	7	1	2	3	5	8
8	5	1	4	3	9	6	7	2
2	7	3	6	8	5	4	1	9
1	6	2	3	7	8	9	4	5
5	4	7	2	9	6	8	3	1
9	3	8	1	5	4	7	2	6

82

1	6	9	4	3	8	5	2	7
2	4	5	1	9	7	8	3	6
8	7	3	5	6	2	4	1	9
3	5	6	8	4	9	2	7	1
4	9	1	7	2	6	3	5	8
7	2	8	3	1	5	9	6	4
5	1	4	9	7	3	6	8	2
6	8	7	2	5	4	1	9	3
9	3	2	6	8	1	7	4	5

83

9	1	6	8	2	4	3	7	5
5	2	4	3	6	7	8	9	1
7	8	3	1	9	5	2	4	6
2	4	7	9	3	6	5	1	8
6	3	1	4	5	8	7	2	9
8	9	5	2	7	1	4	6	3
1	6	8	7	4	3	9	5	2
3	7	2	5	1	9	6	8	4
4	5	9	6	8	2	1	3	7

84

7	4	2	5	8	3	9	1	6
8	6	3	4	1	9	2	5	7
5	9	1	6	2	7	3	4	8
6	3	9	8	5	1	7	2	4
4	7	8	9	3	2	1	6	5
2	1	5	7	4	6	8	3	9
3	5	6	1	9	8	4	7	2
9	2	4	3	7	5	6	8	1
1	8	7	2	6	4	5	9	3

85

6	5	8	9	1	4	2	7	3
1	2	7	3	5	8	6	4	9
3	4	9	7	2	6	1	5	8
2	3	6	1	4	5	9	8	7
8	9	5	2	7	3	4	1	6
4	7	1	6	8	9	3	2	5
7	6	4	5	3	1	8	9	2
9	8	2	4	6	7	5	3	1
5	1	3	8	9	2	7	6	4

86

4	7	5	6	9	3	2	8	1
2	3	9	8	4	1	7	5	6
1	8	6	5	2	7	4	9	3
8	5	4	7	3	2	6	1	9
9	1	2	4	6	8	5	3	7
3	6	7	1	5	9	8	4	2
5	4	3	9	7	6	1	2	8
7	2	8	3	1	5	9	6	4
6	9	1	2	8	4	3	7	5

87

3	1	2	8	9	7	5	4	6
6	9	4	5	2	1	8	3	7
7	5	8	4	6	3	2	1	9
1	7	5	2	3	9	6	8	4
8	2	6	1	5	4	9	7	3
9	4	3	7	8	6	1	5	2
5	8	7	6	4	2	3	9	1
2	3	1	9	7	5	4	6	8
4	6	9	3	1	8	7	2	5

88

9	6	4	3	7	1	5	2	8
2	3	8	4	6	5	7	1	9
5	7	1	9	2	8	4	3	6
6	4	9	2	8	3	1	7	5
8	2	5	7	1	4	9	6	3
3	1	7	6	5	9	2	8	4
7	9	3	1	4	6	8	5	2
1	8	6	5	9	2	3	4	7
4	5	2	8	3	7	6	9	1

89

4	6	1	8	9	5	7	2	3
9	8	5	3	2	7	6	4	1
3	2	7	4	6	1	5	9	8
6	4	8	5	3	2	1	7	9
5	7	2	9	1	6	8	3	4
1	3	9	7	8	4	2	6	5
7	1	3	6	4	8	9	5	2
2	5	4	1	7	9	3	8	6
8	9	6	2	5	3	4	1	7

90

2	8	9	6	3	1	5	4	7
1	7	5	2	4	9	8	6	3
6	4	3	5	8	7	9	1	2
8	1	7	3	2	4	6	5	9
3	9	2	1	5	6	7	8	4
5	6	4	7	9	8	2	3	1
9	2	1	4	6	5	3	7	8
7	3	6	8	1	2	4	9	5
4	5	8	9	7	3	1	2	6

91

5	2	7	1	9	4	6	3	8
3	8	9	2	6	5	1	4	7
6	1	4	8	3	7	9	5	2
7	9	8	4	1	3	5	2	6
2	4	3	9	5	6	7	8	1
1	5	6	7	8	2	3	9	4
4	6	2	5	7	9	8	1	3
8	3	5	6	2	1	4	7	9
9	7	1	3	4	8	2	6	5

92

7	5	3	2	6	8	4	9	1
9	6	2	1	5	4	8	7	3
8	4	1	9	7	3	5	6	2
4	2	9	3	8	5	7	1	6
1	8	5	6	9	7	3	2	4
3	7	6	4	2	1	9	8	5
6	3	4	7	1	9	2	5	8
5	1	7	8	4	2	6	3	9
2	9	8	5	3	6	1	4	7

93

4	6	9	8	5	3	7	2	1
5	2	1	7	4	9	8	6	3
3	7	8	6	1	2	4	9	5
2	1	6	3	8	7	9	5	4
7	8	3	5	9	4	2	1	6
9	4	5	2	6	1	3	8	7
8	9	7	1	3	6	5	4	2
1	5	2	4	7	8	6	3	9
6	3	4	9	2	5	1	7	8

94

3	7	6	5	1	4	9	8	2
9	8	2	6	3	7	4	5	1
5	1	4	2	9	8	6	7	3
1	5	7	4	2	9	8	3	6
2	9	3	8	5	6	1	4	7
4	6	8	1	7	3	5	2	9
6	2	1	7	4	5	3	9	8
7	4	9	3	8	1	2	6	5
8	3	5	9	6	2	7	1	4

95

1	9	2	8	7	4	6	5	3
6	7	8	9	5	3	2	1	4
4	5	3	2	1	6	9	8	7
2	1	5	7	6	8	4	3	9
3	6	7	4	9	1	8	2	5
9	8	4	3	2	5	1	7	6
8	2	9	6	3	7	5	4	1
5	3	6	1	4	2	7	9	8
7	4	1	5	8	9	3	6	2

96

1	6	5	7	2	3	9	8	4
3	9	2	8	5	4	6	1	7
4	7	8	6	9	1	5	3	2
2	1	9	5	8	7	4	6	3
6	4	7	2	3	9	8	5	1
5	8	3	4	1	6	7	2	9
9	2	6	3	4	8	1	7	5
7	3	1	9	6	5	2	4	8
8	5	4	1	7	2	3	9	6

97

1	9	2	6	3	5	7	8	4
8	4	3	7	9	1	2	6	5
6	7	5	2	4	8	3	9	1
5	2	7	8	1	6	9	4	3
3	1	4	5	7	9	6	2	8
9	8	6	3	2	4	1	5	7
4	6	1	9	5	3	8	7	2
2	5	9	1	8	7	4	3	6
7	3	8	4	6	2	5	1	9

98

5	2	6	4	1	8	3	9	7
9	3	1	6	7	2	4	5	8
4	8	7	9	3	5	1	6	2
6	9	5	1	8	4	2	7	3
1	7	3	5	2	6	8	4	9
2	4	8	7	9	3	6	1	5
8	5	9	2	4	1	7	3	6
3	6	4	8	5	7	9	2	1
7	1	2	3	6	9	5	8	4

99

6	7	1	2	9	5	8	4	3
4	5	3	1	6	8	7	2	9
2	8	9	4	3	7	1	6	5
7	2	4	8	1	9	5	3	6
8	3	5	6	4	2	9	7	1
1	9	6	5	7	3	2	8	4
5	4	2	9	8	6	3	1	7
3	1	8	7	5	4	6	9	2
9	6	7	3	2	1	4	5	8

100

7	8	9	6	4	2	1	5	3
6	1	5	9	7	3	8	2	4
4	3	2	5	1	8	6	7	9
9	4	8	2	5	1	3	6	7
3	2	7	4	8	6	5	9	1
5	6	1	7	3	9	4	8	2
1	7	6	3	2	5	9	4	8
2	5	3	8	9	4	7	1	6
8	9	4	1	6	7	2	3	5

101

6	2	5	9	7	3	8	1	4
8	9	3	1	4	2	5	6	7
7	1	4	8	6	5	9	2	3
5	8	2	4	3	7	1	9	6
4	7	1	6	9	8	2	3	5
9	3	6	5	2	1	4	7	8
1	5	9	7	8	6	3	4	2
3	6	8	2	1	4	7	5	9
2	4	7	3	5	9	6	8	1

102

8	6	3	1	7	9	2	5	4
9	5	4	6	3	2	1	8	7
1	7	2	4	8	5	6	3	9
4	9	7	2	6	8	5	1	3
3	8	1	5	9	4	7	6	2
6	2	5	7	1	3	9	4	8
2	1	8	9	4	6	3	7	5
7	3	9	8	5	1	4	2	6
5	4	6	3	2	7	8	9	1

103

8	7	2	9	4	1	5	6	3
1	5	3	7	8	6	4	9	2
9	6	4	2	3	5	1	8	7
6	4	5	1	9	3	7	2	8
3	2	1	8	7	4	6	5	9
7	9	8	6	5	2	3	1	4
4	1	6	3	2	8	9	7	5
2	3	7	5	1	9	8	4	6
5	8	9	4	6	7	2	3	1

104

6	7	3	2	1	8	9	4	5
8	1	4	9	3	5	2	6	7
9	2	5	4	6	7	8	3	1
1	3	2	7	9	4	5	8	6
5	8	6	1	2	3	4	7	9
4	9	7	8	5	6	1	2	3
7	4	1	3	8	9	6	5	2
2	5	8	6	7	1	3	9	4
3	6	9	5	4	2	7	1	8

105

7	6	2	9	4	5	3	8	1
8	5	3	7	1	2	6	9	4
9	1	4	3	6	8	5	2	7
3	2	6	4	8	1	7	5	9
5	4	7	2	9	3	8	1	6
1	8	9	6	5	7	4	3	2
2	7	8	1	3	6	9	4	5
4	3	1	5	7	9	2	6	8
6	9	5	8	2	4	1	7	3

106

2	4	6	3	9	1	8	7	5
7	1	5	2	4	8	6	3	9
9	3	8	5	6	7	4	1	2
3	2	9	1	5	4	7	8	6
4	8	1	6	7	9	5	2	3
6	5	7	8	2	3	9	4	1
8	9	2	7	3	6	1	5	4
5	7	4	9	1	2	3	6	8
1	6	3	4	8	5	2	9	7

107

2	3	6	7	9	4	5	1	8
9	7	4	8	5	1	6	3	2
5	1	8	6	2	3	4	7	9
6	5	7	2	4	9	3	8	1
8	9	3	5	1	7	2	6	4
4	2	1	3	6	8	9	5	7
7	6	9	4	8	5	1	2	3
1	8	2	9	3	6	7	4	5
3	4	5	1	7	2	8	9	6

108

1	4	6	3	5	2	7	8	9
2	9	8	6	1	7	5	4	3
3	7	5	4	9	8	2	1	6
7	2	1	9	4	5	3	6	8
4	8	3	1	7	6	9	5	2
6	5	9	2	8	3	1	7	4
8	1	2	7	3	4	6	9	5
9	6	4	5	2	1	8	3	7
5	3	7	8	6	9	4	2	1

109

8	3	7	4	6	5	2	1	9
5	2	1	7	8	9	4	6	3
6	4	9	1	2	3	8	7	5
9	1	3	6	7	4	5	2	8
4	5	6	2	9	8	1	3	7
7	8	2	5	3	1	9	4	6
3	6	4	8	5	2	7	9	1
1	7	8	9	4	6	3	5	2
2	9	5	3	1	7	6	8	4

110

4	6	5	7	8	1	2	9	3
9	8	1	4	2	3	7	6	5
7	3	2	5	9	6	1	4	8
8	2	4	6	1	9	5	3	7
6	5	3	2	4	7	9	8	1
1	7	9	8	3	5	6	2	4
5	4	6	9	7	8	3	1	2
3	9	8	1	5	2	4	7	6
2	1	7	3	6	4	8	5	9

111

5	6	9	2	4	8	7	3	1
3	8	1	7	9	5	6	4	2
7	4	2	1	3	6	9	8	5
8	2	7	4	6	1	5	9	3
9	5	4	3	8	2	1	7	6
6	1	3	9	5	7	8	2	4
1	7	5	8	2	4	3	6	9
2	3	6	5	7	9	4	1	8
4	9	8	6	1	3	2	5	7

112

4	5	7	6	9	8	2	1	3
3	9	2	1	5	7	4	8	6
8	6	1	3	2	4	9	5	7
7	2	6	5	3	9	8	4	1
1	4	5	7	8	6	3	2	9
9	3	8	2	4	1	7	6	5
2	7	3	8	6	5	1	9	4
5	8	4	9	1	3	6	7	2
6	1	9	4	7	2	5	3	8

113

2	4	5	8	9	7	3	6	1
1	9	7	2	3	6	8	5	4
3	6	8	5	1	4	9	2	7
6	5	2	3	7	8	4	1	9
8	1	4	9	5	2	6	7	3
9	7	3	4	6	1	2	8	5
7	8	6	1	4	3	5	9	2
4	2	9	7	8	5	1	3	6
5	3	1	6	2	9	7	4	8

114

9	3	2	5	7	8	6	4	1
4	8	5	1	2	6	7	9	3
1	6	7	9	4	3	8	2	5
7	9	1	3	6	2	4	5	8
8	5	6	4	1	9	3	7	2
2	4	3	7	8	5	9	1	6
3	7	8	2	9	1	5	6	4
6	1	4	8	5	7	2	3	9
5	2	9	6	3	4	1	8	7

115

7	8	9	3	5	6	4	2	1
4	3	1	9	2	8	6	5	7
6	2	5	1	4	7	9	8	3
2	1	7	6	8	9	5	3	4
8	5	6	4	3	2	1	7	9
3	9	4	7	1	5	2	6	8
9	6	8	5	7	4	3	1	2
5	7	3	2	9	1	8	4	6
1	4	2	8	6	3	7	9	5

116

9	7	5	1	6	2	3	4	8
8	3	2	4	7	9	5	1	6
4	6	1	8	5	3	7	9	2
3	4	8	6	2	1	9	5	7
2	1	7	5	9	8	6	3	4
5	9	6	7	3	4	8	2	1
7	8	3	2	4	5	1	6	9
1	2	9	3	8	6	4	7	5
6	5	4	9	1	7	2	8	3

117

5	3	7	2	1	8	4	6	9
9	2	4	6	3	5	1	8	7
1	6	8	9	7	4	2	3	5
7	1	2	4	9	6	8	5	3
3	8	9	5	2	7	6	4	1
4	5	6	3	8	1	9	7	2
8	4	3	1	5	2	7	9	6
6	9	1	7	4	3	5	2	8
2	7	5	8	6	9	3	1	4

118

8	3	9	5	6	1	7	4	2
2	5	4	3	8	7	6	9	1
6	1	7	9	4	2	3	5	8
7	4	8	6	2	9	5	1	3
9	2	1	7	3	5	4	8	6
5	6	3	4	1	8	2	7	9
3	9	6	1	5	4	8	2	7
1	8	5	2	7	3	9	6	4
4	7	2	8	9	6	1	3	5

119

2	1	9	4	3	8	6	7	5
6	4	5	2	9	7	3	1	8
7	8	3	6	1	5	4	2	9
8	7	2	5	6	9	1	3	4
9	3	6	1	7	4	8	5	2
4	5	1	8	2	3	7	9	6
1	9	4	3	8	2	5	6	7
3	2	8	7	5	6	9	4	1
5	6	7	9	4	1	2	8	3

120

3	9	5	7	2	8	4	6	1
2	1	7	5	4	6	9	3	8
4	6	8	1	9	3	2	7	5
8	5	9	2	3	1	7	4	6
1	3	4	8	6	7	5	9	2
6	7	2	9	5	4	8	1	3
7	2	6	4	1	5	3	8	9
5	8	3	6	7	9	1	2	4
9	4	1	3	8	2	6	5	7

121

7	8	9	5	2	1	4	6	3
5	6	3	8	4	7	2	1	9
1	2	4	3	9	6	5	7	8
9	4	1	6	7	5	3	8	2
3	7	2	4	1	8	9	5	6
8	5	6	9	3	2	7	4	1
6	3	7	2	8	4	1	9	5
2	1	8	7	5	9	6	3	4
4	9	5	1	6	3	8	2	7

122

8	5	9	7	1	6	4	2	3
7	2	6	3	4	5	9	8	1
1	3	4	9	8	2	7	5	6
6	8	5	1	7	9	2	3	4
2	9	3	5	6	4	8	1	7
4	1	7	8	2	3	5	6	9
5	4	1	2	3	7	6	9	8
9	6	8	4	5	1	3	7	2
3	7	2	6	9	8	1	4	5

123

9	7	6	4	5	1	2	8	3
4	3	8	7	2	9	5	1	6
1	5	2	8	6	3	4	7	9
8	2	3	1	9	6	7	4	5
5	6	9	2	7	4	1	3	8
7	1	4	3	8	5	6	9	2
6	8	7	9	4	2	3	5	1
2	4	1	5	3	8	9	6	7
3	9	5	6	1	7	8	2	4

124

3	1	8	5	6	9	2	7	4
7	2	6	1	4	3	5	8	9
4	9	5	2	8	7	3	1	6
6	3	2	7	5	4	1	9	8
5	7	1	3	9	8	6	4	2
8	4	9	6	1	2	7	5	3
1	8	7	9	3	6	4	2	5
2	6	4	8	7	5	9	3	1
9	5	3	4	2	1	8	6	7

125

9	3	8	4	2	6	7	1	5
7	2	4	9	1	3	8	6	5...
6	1	5	7	3	8	9	4	2
2	6	7	8	5	1	3	9	4
8	4	3	2	7	6	5	2	1
5	9	1	6	4	7	2	8	3
1	7	9	3	6	5	4	2	8
3	8	2	4	9	1	6	7	4
4	5	6	1	8	2	7	3	9

126

4	6	2	8	9	3	5	1	7
9	5	1	7	3	9	4	3	8
3	8	5	2	1	4	7	6	9
2	3	7	1	5	3	8	9	2
5	2	6	6	9	2	5	4	1
6	9	4	4	8	1	3	2	6
1	7	9	9	7	8	2	5	3
7	4	8	3	6	5	1	8	4
8	1	3	5	2	6	9	7	5

127

5	2	9	8	6	4	3	7	1
8	6	3	1	7	9	5	2	4
1	7	4	2	5	3	8	6	9
4	3	6	9	8	2	1	5	7
2	1	5	7	4	6	9	8	3
7	9	8	5	3	1	6	4	2
9	5	1	3	2	8	4	7	6
6	8	7	4	1	5	2	3	9
3	4	2	6	9	7	7	1	8

128

7	9	1	8	3	5	2	6	4
4	6	3	2	9	1	7	5	8
6	4	5	9	1	6	8	3	2
5	8	6	7	4	9	3	1	2
9	7	2	4	5	8	6	2	1
3	1	4	3	2	6	9	8	7
8	6	9	1	7	3	4	2	5
5	7	8	6	8	5	1	9	3
2	4	9	7	8	1	5	3	6

129

5	6	4	2	9	3	7	1	8
1	8	3	4	7	6	2	9	5
9	2	7	1	8	5	6	3	4
4	3	2	9	6	8	1	5	7
8	1	5	6	3	2	4	7	9
6	4	8	7	5	1	9	2	3
2	5	9	3	1	4	5	6	2
3	9	6	8	2	7	3	4	1
7	1	5	4	8	9	6	2	...

130

8	6	4	9	3	7	5	1	2
7	1	9	5	8	2	4	6	3
3	2	5	6	1	4	8	7	9
6	8	2	3	5	9	7	4	1
9	5	7	4	2	1	6	3	8
4	3	1	8	6	7	2	9	5
2	9	1	8	4	6	3	5	7
5	7	6	2	9	3	1	8	4
1	4	3	7	...	...	...	...	...

131

4	1	7	3	2	5	9	8	6
5	3	6	4	7	8	2	9	1
9	8	2	6	1	9	5	7	3
2	4	7	5	3	1	8	6	4
3	7	8	9	5	2	1	4	9
7	6	9	1	3	5	4	6	8
1	9	5	8	6	2	7	3	5
8	2	4	7	9	4	5	1	...
6	5	3	2	4	8	...	...	...

132

8	4	3	5	2	9	1	7	6
1	5	6	8	3	7	9	2	4
2	9	7	6	1	4	3	8	5
5	6	1	9	7	3	2	4	8
7	3	8	1	4	2	5	6	9
4	2	9	5	8	6	7	1	3
6	9	5	4	7	8	2	3	1
9	8	2	3	5	1	6	7	4
3	1	4	7	6	5	8	9	2

133

3	2	8	4	1	9	7	6	5
5	9	4	7	8	6	3	2	1
7	1	6	5	3	2	9	4	8
2	7	1	6	4	3	5	8	9
8	4	5	2	9	1	6	3	7
6	3	9	8	5	7	2	1	4
1	6	2	9	7	4	8	5	3
9	8	3	1	2	5	4	7	6
4	5	7	3	6	8	1	9	2

134

2	3	9	4	5	1	8	6	7
8	1	6	7	9	2	5	4	3
7	4	5	8	6	3	1	2	9
4	5	7	9	3	8	6	1	2
3	6	8	2	1	5	7	9	4
1	9	2	6	4	7	3	5	8
5	2	4	3	7	6	9	8	1
9	7	1	5	8	4	2	3	6
6	8	3	1	2	9	4	7	5

135

2	4	6	7	9	3	5	8	1
3	1	5	2	8	6	4	7	9
7	8	9	1	5	4	2	3	6
6	5	7	9	3	8	1	4	2
9	3	1	4	7	2	8	6	5
4	2	8	6	1	5	7	9	3
1	9	2	3	4	7	6	5	8
5	7	3	8	6	1	9	2	4
8	6	4	5	2	9	3	1	7

136

8	3	4	9	1	6	7	5	2
9	7	6	3	2	5	4	8	1
2	1	5	7	8	4	6	3	9
6	8	9	1	3	2	5	7	4
4	2	3	8	5	7	1	9	6
7	5	1	4	6	9	3	2	8
1	9	7	2	4	3	8	6	5
3	6	8	5	9	1	2	4	7
5	4	2	6	7	8	9	1	3

137

5	3	1	8	4	2	6	7	9
2	4	6	7	9	1	8	5	3
8	7	9	5	6	3	1	4	2
3	1	5	6	8	4	9	2	7
4	6	7	9	2	5	3	1	8
9	2	8	1	3	7	4	6	5
6	5	2	3	1	9	7	8	4
7	8	3	4	5	6	2	9	1
1	9	4	2	7	8	5	3	6

138

4	6	2	1	3	7	8	9	5
3	5	8	2	9	6	7	1	4
1	7	9	8	4	5	6	2	3
6	9	4	7	2	3	5	8	1
5	2	1	4	6	8	9	3	7
7	8	3	9	5	1	2	4	6
2	3	7	6	8	4	1	5	9
9	4	6	5	1	2	3	7	8
8	1	5	3	7	9	4	6	2

139

7	4	6	2	9	1	3	5	8
1	9	5	3	8	7	4	6	2
3	2	8	6	4	5	1	9	7
8	5	2	7	1	6	9	4	3
4	1	7	9	3	2	6	8	5
9	6	3	4	5	8	2	7	1
6	3	1	8	7	9	5	2	4
2	8	4	5	6	3	7	1	9
5	7	9	1	2	4	8	3	6

140

8	7	5	9	4	6	2	1	3
2	4	3	1	8	5	9	6	7
6	9	1	3	7	2	8	5	4
5	8	9	2	1	4	3	7	6
7	1	2	8	6	3	4	9	5
3	6	4	5	9	7	1	2	8
9	5	7	4	2	8	6	3	1
1	3	8	6	5	9	7	4	2
4	2	6	7	3	1	5	8	9

141

5	4	3	9	2	7	8	6	1
2	7	6	4	1	8	5	3	9
8	1	9	3	6	5	4	2	7
7	2	5	1	8	6	9	4	3
1	9	8	2	4	3	6	7	5
6	3	4	5	7	9	2	1	8
3	8	2	6	5	1	7	9	4
9	6	7	8	3	4	1	5	2
4	5	1	7	9	2	3	8	6

142

7	2	1	5	9	4	6	3	8
9	5	3	8	6	7	2	1	4
8	6	4	2	1	3	5	7	9
4	3	2	9	8	1	7	5	6
5	8	7	6	4	2	1	9	3
6	1	9	7	3	5	4	8	2
3	7	5	4	2	9	8	6	1
1	4	8	3	5	6	9	2	7
2	9	6	1	7	8	3	4	5

143

1	4	3	6	7	2	5	9	8
9	2	5	8	4	1	7	3	6
6	8	7	3	9	5	1	4	2
4	6	9	1	2	3	8	7	5
8	7	1	4	5	6	9	2	3
3	5	2	7	8	9	4	6	1
7	1	4	2	3	8	6	5	9
2	9	6	5	1	4	3	8	7
5	3	8	9	6	7	2	1	4

144

1	5	8	2	3	7	6	9	4
6	4	3	1	9	8	5	7	2
7	2	9	6	5	4	8	3	1
4	1	2	3	7	6	9	8	5
9	7	5	4	8	2	3	1	6
8	3	6	9	1	5	2	4	7
5	8	4	7	6	9	1	2	3
3	9	7	5	2	1	4	6	8
2	6	1	8	4	3	7	5	9

145

5	7	4	6	1	3	9	8	2
8	6	2	9	5	4	1	3	7
9	3	1	2	8	7	4	5	6
1	9	5	8	3	2	6	7	4
3	2	8	4	7	6	5	9	1
7	4	6	5	9	1	3	2	8
6	5	9	7	4	8	2	1	3
4	8	3	1	2	5	7	6	9
2	1	7	3	6	9	8	4	5

146

4	5	6	1	2	9	8	7	3
3	7	1	4	5	8	9	6	2
8	2	9	7	6	3	5	4	1
9	4	7	3	1	2	6	5	8
5	1	8	6	9	4	3	2	7
2	6	3	8	7	5	4	1	9
1	9	4	5	3	7	2	8	6
7	8	2	9	4	6	1	3	5
6	3	5	2	8	1	7	9	4

147

7	1	9	4	2	5	6	8	3
2	3	4	8	6	7	5	9	1
8	5	6	3	9	1	2	7	4
3	6	2	7	8	9	4	1	5
1	9	8	5	4	2	7	3	6
4	7	5	6	1	3	8	2	9
5	4	7	9	3	8	1	6	2
9	8	1	2	5	6	3	4	7
6	2	3	1	7	4	9	5	8

148

3	9	1	2	6	5	8	4	7
8	5	6	4	3	7	2	1	9
7	4	2	9	8	1	6	5	3
6	7	3	1	4	2	5	9	8
2	1	9	6	5	8	3	7	4
4	8	5	3	7	9	1	2	6
1	3	4	7	2	6	9	8	5
9	6	8	5	1	4	7	3	2
5	2	7	8	9	3	4	6	1

149

4	8	2	6	3	7	5	9	1
5	1	6	8	9	2	4	7	3
7	9	3	4	1	5	2	6	8
3	6	9	5	2	4	8	1	7
2	7	5	1	8	6	9	3	4
1	4	8	9	7	3	6	2	5
9	5	4	7	6	1	3	8	2
8	3	1	2	5	9	7	4	6
6	2	7	3	4	8	1	5	9

150

7	4	5	3	6	2	1	8	9
6	8	3	1	9	4	5	2	7
9	2	1	8	5	7	3	6	4
4	1	7	2	3	8	9	5	6
2	9	6	5	7	1	8	4	3
5	3	8	9	4	6	2	7	1
3	6	9	7	2	5	4	1	8
1	7	2	4	8	9	6	3	5
8	5	4	6	1	3	7	9	2

151

8	6	4	1	9	5	2	3	7
7	1	3	6	2	8	9	4	5
2	9	5	3	4	7	6	1	8
1	5	2	9	8	6	3	7	4
9	3	8	7	5	4	1	2	6
6	4	7	2	3	1	8	5	9
3	8	9	4	7	2	5	6	1
4	2	6	5	1	9	7	8	3
5	7	1	8	6	3	4	9	2

152

7	2	9	6	8	3	5	1	4
8	4	3	7	1	5	6	2	9
5	6	1	9	2	4	8	3	7
9	3	2	5	4	6	1	7	8
6	8	4	1	7	9	3	5	2
1	5	7	8	3	2	4	9	6
2	9	6	3	5	8	7	4	1
4	1	5	2	6	7	9	8	3
3	7	8	4	9	1	2	6	5

153

4	2	3	7	8	5	9	6	1
9	1	7	4	2	6	3	5	8
8	5	6	9	1	3	7	2	4
3	4	8	5	6	2	1	7	9
6	9	5	1	3	7	8	4	2
2	7	1	8	9	4	6	3	5
1	3	2	6	4	8	5	9	7
5	6	9	2	7	1	4	8	3
7	8	4	3	5	9	2	1	6

154

1	7	6	5	2	8	4	9	3
5	2	3	9	4	1	8	7	6
4	8	9	6	3	7	2	5	1
9	6	7	3	1	2	5	4	8
8	5	1	4	9	6	7	3	2
2	3	4	8	7	5	1	6	9
7	4	8	1	6	3	9	2	5
3	1	2	7	5	9	6	8	4
6	9	5	2	8	4	3	1	7

155

7	9	3	4	2	8	6	5	1
8	6	4	7	1	5	2	9	3
2	1	5	3	6	9	8	4	7
5	8	1	9	4	2	7	3	6
6	4	9	8	7	3	1	2	5
3	2	7	1	5	6	9	8	4
9	5	8	6	3	7	4	1	2
4	7	2	5	9	1	3	6	8
1	3	6	2	8	4	5	7	9

156

8	5	7	6	9	4	3	2	1
3	9	1	7	8	2	6	4	5
2	6	4	5	3	1	8	7	9
9	4	5	3	1	7	2	6	8
7	1	2	8	6	5	9	3	4
6	8	3	2	4	9	1	5	7
1	2	9	4	7	3	5	8	6
5	7	6	9	2	8	4	1	3
4	3	8	1	5	6	7	9	2

157

6	9	5	7	3	1	4	2	8
4	1	7	8	9	2	6	3	5
3	8	2	5	6	4	9	1	7
2	7	3	6	4	8	1	5	9
5	6	9	2	1	7	3	8	4
8	4	1	9	5	3	7	6	2
1	2	4	3	7	5	8	9	6
9	3	8	4	2	6	5	7	1
7	5	6	1	8	9	2	4	3

158

6	2	1	9	8	7	3	5	4
5	4	9	6	1	3	7	2	8
7	8	3	4	2	5	9	1	6
3	5	8	7	9	2	6	4	1
4	6	2	8	3	1	5	9	7
1	9	7	5	6	4	2	8	3
8	3	6	1	5	9	4	7	2
9	1	4	2	7	6	8	3	5
2	7	5	3	4	8	1	6	9

159

5	3	4	8	1	9	7	2	6
1	2	8	3	7	6	9	5	4
7	9	6	5	2	4	1	3	8
9	8	7	6	5	2	3	4	1
6	4	3	7	9	1	5	8	2
2	5	1	4	3	8	6	9	7
8	1	9	2	6	3	4	7	5
4	6	5	9	8	7	2	1	3
3	7	2	1	4	5	8	6	9

160

5	9	4	1	8	3	6	2	7
6	3	8	7	2	5	4	9	1
2	1	7	9	6	4	5	3	8
8	2	1	4	3	7	9	6	5
7	5	3	6	9	1	8	4	2
4	6	9	8	5	2	7	1	3
9	4	2	5	1	8	3	7	6
1	7	5	3	4	6	2	8	9
3	8	6	2	7	9	1	5	4

161

5	9	4	1	3	2	7	6	8
1	6	2	4	8	7	9	5	3
8	3	7	9	6	5	4	1	2
4	7	6	8	9	3	1	2	5
3	1	9	5	2	6	8	4	7
2	8	5	7	4	1	3	9	6
7	4	1	6	5	8	2	3	9
6	2	8	3	1	9	5	7	4
9	5	3	2	7	4	6	8	1

162

1	7	3	6	4	2	5	9	8
5	4	8	9	3	1	7	2	6
6	9	2	7	5	8	4	1	3
3	8	5	2	6	4	9	7	1
4	6	9	1	7	3	8	5	2
2	1	7	5	8	9	6	3	4
7	5	4	3	2	6	1	8	9
8	3	1	4	9	7	2	6	5
9	2	6	8	1	5	3	4	7

163

7	6	3	4	5	1	9	8	2
9	2	5	7	8	6	4	3	1
8	1	4	9	2	3	7	6	5
6	9	7	8	1	5	2	4	3
4	3	1	2	9	7	6	5	8
5	8	2	3	6	4	1	9	7
3	7	6	5	4	2	8	1	9
1	5	8	6	7	9	3	2	4
2	4	9	1	3	8	5	7	6

164

5	2	4	6	3	8	7	1	9
8	1	3	2	9	7	5	6	4
6	9	7	5	1	4	2	3	8
4	7	8	3	5	1	6	9	2
9	3	5	8	6	2	4	7	1
1	6	2	7	4	9	8	5	3
7	4	1	9	8	5	3	2	6
3	5	9	4	2	6	1	8	7
2	8	6	1	7	3	9	4	5

165

5	3	2	6	1	4	9	8	7
6	7	4	9	8	2	1	5	3
8	9	1	5	3	7	4	2	6
7	8	6	2	4	5	3	9	1
4	2	9	3	6	1	8	7	5
3	1	5	8	7	9	2	6	4
2	6	3	4	5	8	7	1	9
9	4	7	1	2	6	5	3	8
1	5	8	7	9	3	6	4	2

166

7	9	6	3	4	5	1	8	2
2	3	4	8	7	1	6	9	5
5	8	1	2	6	9	3	7	4
1	6	8	4	5	7	2	3	9
4	2	7	9	3	6	5	1	8
3	5	9	1	8	2	4	6	7
9	7	5	6	1	4	8	2	3
6	4	3	7	2	8	9	5	1
8	1	2	5	9	3	7	4	6

167

6	4	5	1	3	2	7	8	9
7	1	3	8	9	4	2	6	5
9	8	2	5	7	6	4	3	1
5	9	1	3	8	7	6	4	2
2	3	8	4	6	1	9	5	7
4	6	7	9	2	5	8	1	3
8	5	4	7	1	9	3	2	6
3	7	6	2	5	8	1	9	4
1	2	9	6	4	3	5	7	8

168

7	1	8	3	9	6	2	4	5
3	5	9	2	4	1	8	6	7
2	6	4	8	7	5	1	3	9
6	8	7	1	3	2	5	9	4
4	9	5	7	6	8	3	1	2
1	3	2	9	5	4	6	7	8
9	4	1	5	8	3	7	2	6
5	2	6	4	1	7	9	8	3
8	7	3	6	2	9	4	5	1

169

7	2	9	1	4	8	6	5	3
5	3	6	2	7	9	1	8	4
1	8	4	6	5	3	9	7	2
3	6	2	7	9	5	4	1	8
8	5	1	4	6	2	3	9	7
9	4	7	3	8	1	5	2	6
4	1	3	9	2	7	8	6	5
6	7	5	8	1	4	2	3	9
2	9	8	5	3	6	7	4	1

170

1	8	4	9	6	5	3	7	2
6	2	3	7	4	8	5	9	1
5	9	7	3	1	2	8	4	6
4	5	9	2	8	1	6	3	7
3	7	1	6	9	4	2	8	5
8	6	2	5	3	7	9	1	4
9	1	8	4	2	6	7	5	3
7	4	6	8	5	3	1	2	9
2	3	5	1	7	9	4	6	8

171

8	6	3	1	7	9	5	4	2
2	4	5	8	3	6	7	9	1
7	1	9	4	2	5	6	3	8
9	5	6	2	8	4	1	7	3
4	2	7	3	9	1	8	6	5
3	8	1	5	6	7	4	2	9
5	3	8	6	4	2	9	1	7
6	7	2	9	1	8	3	5	4
1	9	4	7	5	3	2	8	6

172

7	5	2	6	3	1	9	8	4
9	3	6	2	8	4	1	5	7
1	4	8	5	7	9	2	3	6
2	1	4	7	6	8	3	9	5
3	6	9	1	2	5	4	7	8
5	8	7	9	4	3	6	1	2
4	9	1	8	5	2	7	6	3
8	7	3	4	9	6	5	2	1
6	2	5	3	1	7	8	4	9

173

9	6	4	7	3	5	2	1	8
8	5	3	2	1	4	6	9	7
2	7	1	8	6	9	5	4	3
1	2	9	4	8	7	3	6	5
5	3	8	1	2	6	4	7	9
6	4	7	9	5	3	1	8	2
7	8	5	3	4	1	9	2	6
3	1	2	6	9	8	7	5	4
4	9	6	5	7	2	8	3	1

174

4	3	9	2	6	8	5	1	7
8	1	6	7	4	5	9	2	3
7	5	2	3	9	1	6	4	8
1	7	5	4	2	6	8	3	9
6	4	3	8	5	9	2	7	1
2	9	8	1	7	3	4	5	6
5	2	1	6	8	7	3	9	4
9	8	7	5	3	4	1	6	2
3	6	4	9	1	2	7	8	5

175

8	9	7	3	2	4	6	1	5
2	5	1	6	8	9	3	4	7
3	6	4	7	1	5	9	8	2
4	8	5	1	9	7	2	3	6
1	2	9	8	6	3	5	7	4
6	7	3	4	5	2	1	9	8
9	3	2	5	4	8	7	6	1
7	1	8	2	3	6	4	5	9
5	4	6	9	7	1	8	2	3

176

9	6	1	5	8	3	4	7	2
2	5	7	4	6	9	8	1	3
4	3	8	7	2	1	5	9	6
8	9	6	1	4	2	3	5	7
3	4	5	8	7	6	9	2	1
1	7	2	3	9	5	6	8	4
5	8	3	2	1	4	7	6	9
7	1	9	6	3	8	2	4	5
6	2	4	9	5	7	1	3	8

177

3	9	8	5	7	4	2	1	6
2	4	7	6	3	1	9	8	5
6	1	5	2	8	9	7	3	4
7	5	1	9	4	2	3	6	8
4	2	6	3	5	8	1	7	9
9	8	3	7	1	6	5	4	2
8	7	2	1	6	5	4	9	3
1	6	9	4	2	3	8	5	7
5	3	4	8	9	7	6	2	1

178

6	7	2	3	5	1	8	9	4
1	4	3	8	9	2	7	6	5
8	9	5	6	7	4	1	2	3
2	1	7	4	3	5	9	8	6
9	5	8	1	2	6	3	4	7
3	6	4	7	8	9	2	5	1
4	3	9	5	1	8	6	7	2
5	8	1	2	6	7	4	3	9
7	2	6	9	4	3	5	1	8

179

8	5	3	6	4	9	2	7	1
1	4	7	5	3	2	8	6	9
9	2	6	1	8	7	3	5	4
3	6	8	9	7	5	4	1	2
5	9	1	3	2	4	6	8	7
4	7	2	8	6	1	9	3	5
7	3	9	2	1	8	5	4	6
6	1	5	4	9	3	7	2	8
2	8	4	7	5	6	1	9	3

180

5	3	8	4	9	6	7	1	2
7	2	1	3	5	8	9	6	4
4	9	6	1	7	2	5	3	8
3	7	5	2	8	9	1	4	6
9	6	4	5	1	3	8	2	7
8	1	2	6	4	7	3	9	5
1	4	3	8	6	5	2	7	9
6	8	7	9	2	1	4	5	3
2	5	9	7	3	4	6	8	1

181

1	4	8	7	9	2	3	6	5
3	2	9	1	5	6	4	8	7
6	7	5	8	3	4	2	9	1
7	3	1	4	2	9	6	5	8
2	8	4	5	6	7	9	1	3
9	5	6	3	1	8	7	2	4
4	6	3	9	8	1	5	7	2
8	9	7	2	4	5	1	3	6
5	1	2	6	7	3	8	4	9

182

6	5	1	4	2	7	3	8	9
8	4	3	9	6	1	5	7	2
9	2	7	5	8	3	4	1	6
4	8	5	2	7	9	6	3	1
1	3	2	8	5	6	9	4	7
7	9	6	1	3	4	2	5	8
5	1	8	3	9	2	7	6	4
3	7	9	6	4	8	1	2	5
2	6	4	7	1	5	8	9	3

183

3	2	4	5	6	9	7	1	8
7	5	1	3	4	8	9	6	2
9	6	8	2	1	7	4	3	5
5	3	6	8	7	2	1	4	9
2	4	7	1	9	5	3	8	6
8	1	9	6	3	4	5	2	7
4	8	2	9	5	3	6	7	1
1	7	5	4	8	6	2	9	3
6	9	3	7	2	1	8	5	4

184

5	1	8	2	7	3	4	9	6
9	2	4	8	1	6	7	3	5
7	6	3	9	4	5	2	8	1
3	7	1	4	5	8	9	6	2
8	4	2	6	3	9	5	1	7
6	5	9	7	2	1	3	4	8
2	8	6	3	9	7	1	5	4
1	3	7	5	8	4	6	2	9
4	9	5	1	6	2	8	7	3

185

7	8	2	5	9	6	1	4	3
3	1	6	8	4	7	2	5	9
5	4	9	2	3	1	8	7	6
9	3	7	1	2	5	4	6	8
8	6	4	9	7	3	5	1	2
2	5	1	6	8	4	3	9	7
6	7	3	4	5	8	9	2	1
4	9	8	7	1	2	6	3	5
1	2	5	3	6	9	7	8	4

186

2	9	5	4	3	6	1	8	7
6	3	8	1	7	9	5	2	4
7	1	4	5	2	8	3	9	6
9	4	3	7	8	2	6	5	1
5	8	6	3	1	4	9	7	2
1	2	7	6	9	5	8	4	3
3	7	2	8	5	1	4	6	9
8	6	1	9	4	7	2	3	5
4	5	9	2	6	3	7	1	8

187

9	5	1	2	6	8	4	3	7
6	7	2	4	1	3	9	8	5
3	8	4	7	5	9	2	1	6
1	6	3	5	2	7	8	4	9
7	2	8	1	9	4	6	5	3
5	4	9	3	8	6	7	2	1
2	3	7	6	4	5	1	9	8
4	9	6	8	3	1	5	7	2
8	1	5	9	7	2	3	6	4

188

1	3	4	5	7	9	8	6	2
9	8	5	3	2	6	7	1	4
2	6	7	1	8	4	3	9	5
8	4	2	7	6	5	9	3	1
3	7	9	2	4	1	5	8	6
5	1	6	8	9	3	4	2	7
7	5	3	9	1	2	6	4	8
4	2	8	6	3	7	1	5	9
6	9	1	4	5	8	2	7	3

189

4	3	6	8	5	1	2	9	7
9	7	5	2	4	3	6	8	1
1	2	8	7	9	6	4	3	5
7	5	9	3	6	8	1	4	2
8	6	2	1	7	4	9	5	3
3	1	4	5	2	9	8	7	6
6	8	3	4	1	7	5	2	9
2	9	7	6	8	5	3	1	4
5	4	1	9	3	2	7	6	8

190

4	3	9	8	7	5	1	2	6
7	8	2	9	1	6	3	5	4
1	6	5	2	4	3	8	9	7
9	1	3	6	8	7	2	4	5
6	2	4	5	3	9	7	8	1
5	7	8	1	2	4	6	3	9
2	5	7	3	9	1	4	6	8
8	9	1	4	6	2	5	7	3
3	4	6	7	5	8	9	1	2

191

2	6	3	8	7	9	5	1	4
8	9	1	5	2	4	6	7	3
4	7	5	3	1	6	9	8	2
3	1	7	6	8	5	2	4	9
6	8	4	2	9	3	7	5	1
5	2	9	7	4	1	3	6	8
9	4	6	1	5	2	8	3	7
1	3	8	9	6	7	4	2	5
7	5	2	4	3	8	1	9	6

192

1	8	7	3	5	9	6	2	4
5	3	4	2	6	8	9	7	1
6	9	2	4	7	1	3	8	5
4	5	1	7	2	6	8	3	9
8	7	3	9	1	5	2	4	6
2	6	9	8	3	4	1	5	7
3	2	6	1	4	7	5	9	8
9	4	5	6	8	3	7	1	2
7	1	8	5	9	2	4	6	3

193

4	1	6	3	5	9	8	7	2
8	5	9	7	4	2	3	6	1
2	7	3	6	8	1	4	5	9
9	8	1	2	3	5	6	4	7
6	2	4	9	7	8	5	1	3
7	3	5	1	6	4	9	2	8
1	6	2	5	9	3	7	8	4
3	4	7	8	1	6	2	9	5
5	9	8	4	2	7	1	3	6

194

8	1	9	4	7	2	3	6	5
6	3	2	1	5	8	9	4	7
7	4	5	3	9	6	2	8	1
9	5	3	6	8	4	1	7	2
1	7	6	2	3	9	8	5	4
4	2	8	7	1	5	6	9	3
3	6	1	8	4	7	5	2	9
5	8	7	9	2	3	4	1	6
2	9	4	5	6	1	7	3	8

195

9	7	1	4	3	6	8	5	2
3	4	2	1	8	5	9	6	7
6	5	8	2	9	7	4	1	3
7	1	3	8	5	4	2	9	6
2	8	6	9	1	3	7	4	5
4	9	5	7	6	2	3	8	1
5	2	7	6	4	9	1	3	8
1	6	9	3	7	8	5	2	4
8	3	4	5	2	1	6	7	9

196

5	3	2	9	4	1	8	7	6
4	8	1	7	6	3	2	5	9
7	6	9	5	2	8	4	3	1
9	5	8	2	7	4	1	6	3
2	4	3	1	9	6	5	8	7
1	7	6	3	8	5	9	2	4
8	2	7	4	3	9	6	1	5
3	9	5	6	1	2	7	4	8
6	1	4	8	5	7	3	9	2

197

8	1	6	5	4	7	2	3	9
9	7	5	2	3	8	4	6	1
3	4	2	6	1	9	8	5	7
1	3	8	9	5	6	7	4	2
2	6	9	7	8	4	3	1	5
4	5	7	1	2	3	9	8	6
5	8	1	3	7	2	6	9	4
6	2	4	8	9	5	1	7	3
7	9	3	4	6	1	5	2	8

198

2	5	7	8	9	3	4	6	1
4	9	3	6	1	5	8	7	2
8	6	1	7	4	2	9	5	3
1	3	6	2	8	4	7	9	5
5	2	9	1	6	7	3	4	8
7	8	4	3	5	9	2	1	6
9	7	8	5	3	1	6	2	4
3	4	5	9	2	6	1	8	7
6	1	2	4	7	8	5	3	9

199

6	5	8	4	3	7	1	2	9
3	7	2	1	8	9	4	5	6
1	9	4	6	2	5	3	8	7
7	6	3	5	4	8	2	9	1
5	2	1	9	7	3	8	6	4
4	8	9	2	1	6	7	3	5
8	3	5	7	6	4	9	1	2
2	4	6	3	9	1	5	7	8
9	1	7	8	5	2	6	4	3

200

6	5	8	4	1	2	7	9	3
7	3	4	5	9	8	6	1	2
1	2	9	7	3	6	8	4	5
5	6	1	3	8	7	9	2	4
9	7	2	1	4	5	3	6	8
8	4	3	6	2	9	5	7	1
4	8	6	9	5	1	2	3	7
3	9	5	2	7	4	1	8	6
2	1	7	8	6	3	4	5	9

201

7	2	4	3	8	6	1	9	5
1	5	3	4	9	7	8	6	2
8	6	9	5	2	1	3	4	7
6	4	8	7	3	5	9	2	1
2	3	5	9	1	8	6	7	4
9	1	7	6	4	2	5	3	8
3	7	6	8	5	4	2	1	9
4	8	2	1	6	9	7	5	3
5	9	1	2	7	3	4	8	6

202

1	6	5	8	3	4	2	7	9
4	8	7	2	1	9	6	5	3
3	9	2	6	5	7	8	4	1
9	5	4	1	8	6	3	2	7
6	1	3	7	2	5	9	8	4
7	2	8	4	9	3	1	6	5
8	4	6	3	7	1	5	9	2
2	3	9	5	4	8	7	1	6
5	7	1	9	6	2	4	3	8

203

1	7	2	8	4	6	9	3	5
8	5	3	9	1	2	4	7	6
6	4	9	3	5	7	8	1	2
7	2	5	1	3	8	6	9	4
9	1	8	7	6	4	5	2	3
3	6	4	2	9	5	7	8	1
4	3	7	5	2	9	1	6	8
5	9	1	6	8	3	2	4	7
2	8	6	4	7	1	3	5	9

204

6	4	8	9	3	7	2	1	5
2	3	9	8	5	1	7	6	4
7	5	1	2	4	6	8	9	3
5	8	6	3	2	4	9	7	1
3	1	4	6	7	9	5	8	2
9	2	7	5	1	8	3	4	6
1	7	3	4	9	2	6	5	8
4	6	2	7	8	5	1	3	9
8	9	5	1	6	3	4	2	7

205

5	7	9	8	1	4	6	3	2
3	1	2	6	7	9	4	5	8
8	6	4	2	5	3	7	9	1
1	5	6	7	8	2	3	4	9
9	3	8	4	6	5	1	2	7
4	2	7	3	9	1	5	8	6
2	8	1	5	3	6	9	7	4
7	9	5	1	4	8	2	6	3
6	4	3	9	2	7	8	1	5

206

1	9	6	4	3	8	2	5	7
4	2	7	9	1	5	6	8	3
5	8	3	7	6	2	1	9	4
7	6	4	2	8	1	9	3	5
2	3	5	6	7	9	8	4	1
8	1	9	3	5	4	7	2	6
9	7	1	8	4	3	5	6	2
3	5	8	1	2	6	4	7	9
6	4	2	5	9	7	3	1	8

207

6	1	4	5	9	7	2	3	8
7	3	2	1	8	6	9	4	5
9	8	5	3	4	2	1	6	7
5	6	7	4	3	1	8	9	2
8	4	1	2	7	9	6	5	3
2	9	3	8	6	5	4	7	1
1	5	9	7	2	4	3	8	6
4	7	8	6	1	3	5	2	9
3	2	6	9	5	8	7	1	4

208

4	9	2	3	7	8	1	5	6
6	3	5	9	1	4	8	7	2
7	1	8	6	2	5	4	3	9
1	2	4	5	6	7	3	9	8
5	8	9	4	3	2	7	6	1
3	6	7	8	9	1	5	2	4
9	5	1	7	8	6	2	4	3
8	4	3	2	5	9	6	1	7
2	7	6	1	4	3	9	8	5

209

1	9	2	5	6	7	3	8	4
8	6	5	3	4	9	7	1	2
7	3	4	8	2	1	9	5	6
3	4	6	1	7	5	2	9	8
2	7	9	4	8	3	1	6	5
5	1	8	2	9	6	4	3	7
4	5	3	7	1	8	6	2	9
6	8	7	9	3	2	5	4	1
9	2	1	6	5	4	8	7	3

210

2	9	5	6	8	7	1	4	3
4	1	6	3	2	9	5	7	8
3	7	8	1	5	4	9	2	6
6	4	1	5	7	8	2	3	9
9	5	7	2	1	3	6	8	4
8	2	3	9	4	6	7	1	5
7	6	9	4	3	2	8	5	1
5	3	2	8	9	1	4	6	7
1	8	4	7	6	5	3	9	2

211

5	8	6	2	4	7	3	9	1
9	3	4	6	1	8	5	7	2
7	1	2	3	9	5	8	6	4
1	5	7	8	2	6	9	4	3
4	6	3	5	7	9	2	1	8
8	2	9	1	3	4	6	5	7
2	4	5	7	6	3	1	8	9
3	9	8	4	5	1	7	2	6
6	7	1	9	8	2	4	3	5

212

9	7	5	1	8	2	3	6	4
8	4	1	6	5	3	2	9	7
6	2	3	9	4	7	8	1	5
2	3	6	4	7	8	1	5	9
7	8	4	5	9	1	6	2	3
1	5	9	2	3	6	4	7	8
5	9	2	3	6	4	7	8	1
4	1	8	7	2	5	9	3	6
3	6	7	8	1	9	5	4	2

213

2	7	6	8	3	1	5	4	9
3	4	9	7	5	2	6	8	1
1	8	5	6	9	4	7	2	3
9	2	7	3	4	8	1	5	6
5	3	8	9	1	6	2	7	4
4	6	1	2	7	5	3	9	8
7	9	4	1	2	3	8	6	5
6	1	2	5	8	9	4	3	7
8	5	3	4	6	7	9	1	2

214

6	2	9	3	1	8	7	5	4
4	8	7	9	5	2	6	3	1
5	1	3	4	7	6	8	9	2
2	3	1	5	9	7	4	8	6
8	4	5	6	2	1	9	7	3
9	7	6	8	4	3	2	1	5
7	6	2	1	8	5	3	4	9
1	9	8	2	3	4	5	6	7
3	5	4	7	6	9	1	2	8

215

7	5	9	3	1	6	8	2	4
8	1	2	7	9	4	3	5	6
6	3	4	2	5	8	1	7	9
5	9	8	6	2	7	4	3	1
4	7	1	8	3	5	6	9	2
3	2	6	9	4	1	5	8	7
9	4	7	5	6	3	2	1	8
1	8	5	4	7	2	9	6	3
2	6	3	1	8	9	7	4	5

216

5	8	1	7	4	2	3	9	6
6	7	9	1	8	3	5	4	2
4	2	3	6	9	5	8	7	1
1	5	7	2	6	4	9	3	8
9	6	2	3	5	8	7	1	4
8	3	4	9	7	1	6	2	5
2	1	5	8	3	7	4	6	9
3	9	8	4	2	6	1	5	7
7	4	6	5	1	9	2	8	3

217

1	3	2	7	6	4	9	5	8
6	9	7	2	5	8	1	4	3
5	4	8	3	9	1	7	2	6
4	8	3	9	1	7	2	6	5
2	1	5	6	4	3	8	9	7
9	7	6	8	2	5	3	1	4
3	6	9	5	7	2	4	8	1
7	2	4	1	8	6	5	3	9
8	5	1	4	3	9	6	7	2

218

8	3	9	5	6	1	7	4	2
2	5	4	3	8	7	6	9	1
6	1	7	9	4	2	3	5	8
7	4	8	6	2	9	5	1	3
9	2	1	7	3	5	4	8	6
5	6	3	4	1	8	2	7	9
3	9	6	1	5	4	8	2	7
1	8	5	2	7	3	9	6	4
4	7	2	8	9	6	1	3	5

219

1	3	4	7	8	5	6	2	9
6	8	7	1	9	2	3	5	4
5	2	9	6	4	3	7	8	1
4	1	5	3	6	7	8	9	2
9	6	3	2	5	8	4	1	7
8	7	2	4	1	9	5	6	3
3	5	1	9	7	6	2	4	8
7	4	6	8	2	1	9	3	5
2	9	8	5	3	4	1	7	6

220

5	4	3	1	6	9	7	8	2
8	1	6	2	7	3	9	5	4
7	2	9	8	4	5	6	3	1
3	8	2	7	9	4	1	6	5
9	5	1	6	2	8	4	7	3
6	7	4	5	3	1	8	2	9
2	9	8	3	1	7	5	4	6
1	3	5	4	8	6	2	9	7
4	6	7	9	5	2	3	1	8

221

9	2	4	6	1	5	3	7	8
8	6	7	3	9	4	2	1	5
1	3	5	2	7	8	9	6	4
4	5	9	1	2	7	8	3	6
2	7	3	4	8	6	1	5	9
6	1	8	5	3	9	4	2	7
3	9	6	7	4	1	5	8	2
5	8	1	9	6	2	7	4	3
7	4	2	8	5	3	6	9	1

222

9	8	2	3	4	1	6	5	7
7	4	6	9	8	5	3	2	1
1	3	5	7	6	2	9	4	8
2	1	7	4	3	6	5	8	9
3	6	8	2	5	9	1	7	4
4	5	9	1	7	8	2	6	3
8	2	3	6	1	7	4	9	5
5	9	4	8	2	3	7	1	6
6	7	1	5	9	4	8	3	2

223

7	9	1	5	2	4	8	3	6
4	3	2	6	7	8	9	1	5
5	6	8	3	9	1	4	7	2
2	8	4	7	1	6	3	5	9
3	7	9	4	5	2	1	6	8
6	1	5	9	8	3	7	2	4
9	4	3	2	6	7	5	8	1
8	2	7	1	4	5	6	9	3
1	5	6	8	3	9	2	4	7

224

9	5	8	3	4	7	2	1	6
2	6	1	8	9	5	3	7	4
7	3	4	1	6	2	5	8	9
1	9	2	4	5	8	7	6	3
5	7	3	2	1	6	9	4	8
4	8	6	7	3	9	1	5	2
6	4	5	9	7	3	8	2	1
8	1	9	5	2	4	6	3	7
3	2	7	6	8	1	4	9	5

225

5	9	7	6	8	1	2	4	3
4	3	8	7	5	2	1	9	6
2	1	6	3	9	4	8	5	7
7	2	3	8	1	5	9	6	4
9	8	1	4	7	6	3	2	5
6	4	5	9	2	3	7	1	8
8	6	4	2	3	9	5	7	1
3	5	9	1	6	7	4	8	2
1	7	2	5	4	8	6	3	9

226

3	7	4	6	8	9	1	5	2
2	8	5	1	3	7	4	6	9
1	9	6	5	2	4	8	3	7
7	5	1	4	9	8	3	2	6
4	6	3	2	7	1	9	8	5
8	2	9	3	6	5	7	4	1
5	1	2	7	4	3	6	9	8
6	4	8	9	1	2	5	7	3
9	3	7	8	5	6	2	1	4

227

2	6	5	3	1	4	7	8	9
3	9	7	5	2	8	6	1	4
1	8	4	6	9	7	2	3	5
7	2	6	9	8	3	4	5	1
4	3	8	7	5	1	9	2	6
9	5	1	4	6	2	3	7	8
6	7	9	8	3	5	1	4	2
5	1	3	2	4	9	8	6	7
8	4	2	1	7	6	5	9	3

228

1	5	7	4	9	3	8	2	6
6	2	3	1	8	7	5	9	4
8	9	4	2	5	6	7	1	3
7	4	2	3	1	5	9	6	8
9	8	1	6	2	4	3	7	5
5	3	6	9	7	8	1	4	2
4	6	5	7	3	1	2	8	9
3	1	9	8	4	2	6	5	7
2	7	8	5	6	9	4	3	1

229

9	5	3	4	8	7	6	1	2
4	7	2	3	6	1	9	5	8
6	1	8	2	5	9	4	3	7
8	9	4	1	2	3	5	7	6
2	6	5	9	7	8	3	4	1
7	3	1	5	4	6	2	8	9
1	2	9	7	3	5	8	6	4
3	4	6	8	1	2	7	9	5
5	8	7	6	9	4	1	2	3

230

9	4	8	3	7	1	2	5	6
7	2	5	9	8	6	4	3	1
3	1	6	5	4	2	9	7	8
4	3	2	8	1	7	6	9	5
5	6	7	2	3	9	1	8	4
1	8	9	4	6	5	3	2	7
6	9	1	7	5	3	8	4	2
2	5	4	1	9	8	7	6	3
8	7	3	6	2	4	5	1	9

231

6	7	2	1	5	8	3	9	4
9	5	4	6	3	2	7	8	1
3	1	8	9	4	7	6	2	5
5	2	3	4	9	6	1	7	8
1	4	9	8	7	5	2	3	6
8	6	7	2	1	3	4	5	9
2	9	5	7	6	1	8	4	3
7	3	6	5	8	4	9	1	2
4	8	1	3	2	9	5	6	7

232

9	2	5	3	6	8	1	7	4
6	8	4	7	5	1	9	2	3
1	3	7	9	4	2	6	8	5
4	7	6	8	9	3	2	5	1
3	5	1	4	2	6	7	9	8
2	9	8	5	1	7	4	3	6
8	6	9	1	7	5	3	4	2
7	1	3	2	8	4	5	6	9
5	4	2	6	3	9	8	1	7

233

9	2	4	5	1	8	3	6	7
6	8	1	2	7	3	9	5	4
7	3	5	9	4	6	8	1	2
2	5	3	1	6	4	7	9	8
4	6	7	8	2	9	1	3	5
1	9	8	7	3	5	4	2	6
8	7	9	6	5	1	2	4	3
5	4	2	3	9	7	6	8	1
3	1	6	4	8	2	5	7	9

234

7	2	6	3	1	4	9	8	5
1	4	3	5	9	8	7	2	6
5	9	8	7	6	2	3	4	1
3	1	5	2	8	7	6	9	4
9	6	4	1	5	3	2	7	8
8	7	2	9	4	6	1	5	3
2	5	1	8	3	9	4	6	7
4	3	7	6	2	5	8	1	9
6	8	9	4	7	1	5	3	2

235

1	7	4	8	9	3	5	6	2
5	3	8	6	7	2	4	1	9
6	2	9	1	4	5	8	3	7
7	6	2	9	5	8	1	4	3
4	5	3	7	6	1	9	2	8
8	9	1	3	2	4	6	7	5
9	4	7	2	8	6	3	5	1
3	8	6	5	1	7	2	9	4
2	1	5	4	3	9	7	8	6

236

3	5	8	4	1	7	9	6	2
4	1	9	2	6	8	5	7	3
6	7	2	3	5	9	1	4	8
9	6	7	1	4	3	2	8	5
2	3	1	6	8	5	4	9	7
5	8	4	7	9	2	6	3	1
1	4	3	8	2	6	7	5	9
7	9	6	5	3	1	8	2	4
8	2	5	9	7	4	3	1	6

237

2	9	7	8	4	5	3	6	1
5	1	6	3	7	9	4	8	2
8	4	3	2	6	1	7	5	9
6	7	9	1	8	4	5	2	3
4	5	8	6	2	3	1	9	7
1	3	2	5	9	7	8	4	6
9	6	4	7	3	8	2	1	5
7	2	1	4	5	6	9	3	8
3	8	5	9	1	2	6	7	4

238

3	9	5	8	7	1	2	6	4
7	2	8	4	6	3	9	5	1
4	1	6	9	5	2	7	3	8
1	6	3	5	8	7	4	9	2
8	7	4	2	9	6	5	1	3
9	5	2	1	3	4	6	8	7
6	8	7	3	2	5	1	4	9
2	3	1	6	4	9	8	7	5
5	4	9	7	1	8	3	2	6

239

1	9	7	4	6	8	2	3	5
8	3	2	9	7	5	4	1	6
4	5	6	1	3	2	8	7	9
5	2	1	6	9	3	7	4	8
3	4	9	8	1	7	6	5	2
7	6	8	2	5	4	3	9	1
6	7	4	5	8	9	1	2	3
9	1	3	7	2	6	5	8	4
2	8	5	3	4	1	9	6	7

240

7	1	5	8	3	4	9	6	2
4	2	3	5	6	9	1	8	7
9	8	6	2	1	7	5	4	3
1	7	8	6	9	5	2	3	4
5	4	2	1	7	3	6	9	8
6	3	9	4	2	8	7	1	5
3	5	1	9	4	2	8	7	6
2	6	4	7	8	1	3	5	9
8	9	7	3	5	6	4	2	1

241

6	5	7	2	4	9	3	1	8
1	9	2	6	8	3	7	4	5
4	8	3	5	7	1	6	2	9
2	6	8	7	5	4	9	3	1
5	7	9	1	3	2	8	6	4
3	1	4	8	9	6	5	7	2
9	4	6	3	2	5	1	8	7
7	2	1	9	6	8	4	5	3
8	3	5	4	1	7	2	9	6

242

5	1	8	2	4	7	6	3	9
2	3	7	6	9	1	8	5	4
4	6	9	3	5	8	1	7	2
9	4	5	7	3	6	2	8	1
1	2	6	5	8	9	3	4	7
7	8	3	4	1	2	9	6	5
3	9	4	8	2	5	7	1	6
6	5	2	1	7	3	4	9	8
8	7	1	9	6	4	5	2	3

243

9	4	3	2	6	8	7	1	5
5	2	8	4	1	7	6	9	3
1	6	7	9	5	3	4	2	8
4	9	5	1	3	6	8	7	2
8	1	2	5	7	9	3	4	6
3	7	6	8	2	4	1	5	9
6	3	1	7	9	2	5	8	4
2	5	4	6	8	1	9	3	7
7	8	9	3	4	5	2	6	1

244

3	5	7	6	1	9	2	4	8
9	2	8	4	3	5	6	7	1
6	1	4	8	2	7	5	3	9
4	9	6	5	7	3	8	1	2
1	7	2	9	4	8	3	6	5
5	8	3	2	6	1	7	9	4
8	3	9	1	5	6	4	2	7
2	6	5	7	9	4	1	8	3
7	4	1	3	8	2	9	5	6

245

2	9	1	4	3	8	7	5	6
8	5	6	1	2	7	9	4	3
4	7	3	5	9	6	1	2	8
1	3	5	9	7	4	6	8	2
7	6	2	8	1	5	3	9	4
9	8	4	2	6	3	5	7	1
6	1	9	7	4	2	8	3	5
3	2	8	6	5	9	4	1	7
5	4	7	3	8	1	2	6	9

246

2	8	6	3	9	4	1	7	5
3	1	7	2	5	6	4	9	8
5	4	9	1	8	7	2	6	3
9	7	3	4	2	8	5	1	6
4	6	2	9	1	5	8	3	7
8	5	1	6	7	3	9	2	4
1	3	4	5	6	9	7	8	2
6	9	8	7	4	2	3	5	1
7	2	5	8	3	1	6	4	9

247

9	8	1	2	7	5	3	6	4
2	6	4	3	1	9	8	5	7
7	5	3	8	6	4	1	9	2
1	7	9	4	2	3	6	8	5
4	3	5	7	8	6	9	2	1
6	2	8	9	5	1	4	7	3
8	1	2	6	4	7	5	3	9
5	9	6	1	3	2	7	4	8
3	4	7	5	9	8	2	1	6

248

3	8	9	7	2	6	1	4	5
7	6	1	8	5	4	3	9	2
5	2	4	9	3	1	8	7	6
8	9	6	4	1	2	7	5	3
2	1	5	3	6	7	9	8	4
4	7	3	5	9	8	2	6	1
9	4	2	6	7	3	5	1	8
6	3	7	1	8	5	4	2	9
1	5	8	2	4	9	6	3	7

249

1	7	4	5	6	3	8	9	2
3	8	6	2	9	4	7	5	1
5	9	2	8	1	7	4	6	3
4	6	7	1	3	5	9	2	8
9	1	8	7	4	2	5	3	6
2	5	3	6	8	9	1	7	4
8	2	9	3	5	1	6	4	7
7	4	1	9	2	6	3	8	5
6	3	5	4	7	8	2	1	9

250

4	2	5	1	3	7	8	9	6
8	1	7	9	6	4	3	5	2
9	3	6	8	2	5	7	1	4
3	5	2	4	9	1	6	7	8
7	6	8	3	5	2	1	4	9
1	9	4	7	8	6	2	3	5
5	8	9	6	1	3	4	2	7
2	7	1	5	4	8	9	6	3
6	4	3	2	7	9	5	8	1

251

2	3	1	5	9	4	8	7	6
9	8	7	1	6	3	4	2	5
6	4	5	7	8	2	1	9	3
8	2	4	9	1	6	5	3	7
3	1	6	4	5	7	2	8	9
5	7	9	2	3	8	6	1	4
4	9	3	8	2	5	7	6	1
1	5	8	6	7	9	3	4	2
7	6	2	3	4	1	9	5	8

252

1	8	6	7	3	5	9	2	4
7	2	4	6	9	8	1	5	3
9	5	3	1	2	4	6	8	7
5	3	9	4	7	6	8	1	2
6	7	2	8	1	9	3	4	5
8	4	1	3	5	2	7	6	9
3	6	8	5	4	7	2	9	1
4	9	7	2	8	1	5	3	6
2	1	5	9	6	3	4	7	8

253

2	8	3	5	1	6	4	7	9
1	9	7	2	8	4	3	5	6
4	6	5	9	3	7	2	8	1
9	5	8	4	6	2	7	1	3
7	2	6	1	9	3	8	4	5
3	4	1	8	7	5	6	9	2
6	7	9	3	5	8	1	2	4
8	1	2	6	4	9	5	3	7
5	3	4	7	2	1	9	6	8

254

1	4	6	8	9	2	5	7	3
5	7	3	6	1	4	8	9	2
9	8	2	7	5	3	1	6	4
2	6	8	3	4	9	7	1	5
3	9	7	5	8	1	4	2	6
4	1	5	2	6	7	9	3	8
7	2	9	4	3	5	6	8	1
6	5	1	9	2	8	3	4	7
8	3	4	1	7	6	2	5	9

255

8	4	3	1	9	7	2	5	6
2	7	5	4	8	6	1	9	3
1	9	6	5	2	3	4	8	7
9	3	1	2	7	8	5	6	4
5	2	7	6	4	9	3	1	8
6	8	4	3	5	1	7	2	9
7	1	9	8	3	5	6	4	2
3	5	2	9	6	4	8	7	1
4	6	8	7	1	2	9	3	5

256

4	9	7	2	6	3	8	1	5
8	1	3	4	5	7	2	9	6
6	2	5	1	9	8	4	3	7
5	3	2	9	4	1	7	6	8
7	6	1	8	3	5	9	4	2
9	4	8	6	7	2	3	5	1
3	7	4	5	8	6	1	2	9
1	8	6	3	2	9	5	7	4
2	5	9	7	1	4	6	8	3

257

1	6	4	2	3	8	7	9	5
7	2	3	1	9	5	4	6	8
9	5	8	4	6	7	3	2	1
4	8	2	7	1	6	5	3	9
3	9	6	8	5	4	2	1	7
5	7	1	9	2	3	6	8	4
8	1	7	3	4	2	9	5	6
2	4	5	6	8	9	1	7	3
6	3	9	5	7	1	8	4	2

258

3	8	1	5	2	6	9	4	7
2	7	5	9	8	4	1	6	3
4	9	6	7	1	3	2	8	5
8	1	2	3	4	5	7	9	6
5	4	9	6	7	1	8	3	2
6	3	7	2	9	8	5	1	4
9	5	4	1	3	2	6	7	8
1	6	8	4	5	7	3	2	9
7	2	3	8	6	9	4	5	1

259

9	8	1	4	5	2	3	6	7
5	7	6	9	8	3	1	4	2
4	2	3	1	6	7	5	8	9
2	4	9	7	1	8	6	5	3
8	3	5	2	9	6	4	7	1
6	1	7	5	3	4	2	9	8
3	5	8	6	7	1	9	2	4
1	9	2	8	4	5	7	3	6
7	6	4	3	2	9	8	1	5

260

2	4	9	3	6	5	8	7	1
5	8	6	4	1	7	3	2	9
1	3	7	8	9	2	6	4	5
4	6	3	2	8	9	5	1	7
7	1	2	6	5	4	9	8	3
9	5	8	1	7	3	2	6	4
6	2	4	9	3	1	7	5	8
3	7	1	5	2	8	4	9	6
8	9	5	7	4	6	1	3	2

261

4	9	5	1	2	7	6	8	3
7	6	2	3	4	8	9	5	1
3	8	1	6	5	9	7	2	4
9	4	7	2	1	6	5	3	8
1	5	8	7	9	3	2	4	6
2	3	6	4	8	5	1	9	7
6	7	4	9	3	2	8	1	5
5	2	3	8	6	1	4	7	9
8	1	9	5	7	4	3	6	2

262

9	7	2	1	5	6	3	8	4
5	3	8	4	9	2	7	1	6
1	4	6	3	7	8	9	5	2
2	8	5	7	1	9	6	4	3
3	6	4	8	2	5	1	9	7
7	1	9	6	4	3	8	2	5
8	5	3	2	6	1	4	7	9
4	9	1	5	3	7	2	6	8
6	2	7	9	8	4	5	3	1

263

7	9	8	3	5	6	1	4	2
3	1	5	8	2	4	9	6	7
4	2	6	9	7	1	3	5	8
9	4	3	6	8	7	2	1	5
8	6	2	5	1	9	4	7	3
1	5	7	2	4	3	8	9	6
5	3	9	1	6	8	7	2	4
6	7	1	4	3	2	5	8	9
2	8	4	7	9	5	6	3	1

264

9	1	7	4	8	3	5	6	2
4	5	3	2	6	7	9	1	8
6	2	8	5	9	1	3	7	4
1	3	4	7	2	9	6	8	5
7	9	2	6	5	8	1	4	3
5	8	6	1	3	4	2	9	7
3	7	1	9	4	5	8	2	6
8	6	9	3	7	2	4	5	1
2	4	5	8	1	6	7	3	9

265

9	7	3	1	4	8	6	2	5
6	2	4	3	5	9	1	8	7
8	5	1	2	7	6	3	4	9
3	6	9	5	8	2	4	7	1
1	4	5	7	6	3	8	9	2
7	8	2	4	9	1	5	6	3
4	3	7	8	2	5	9	1	6
5	9	8	6	1	7	2	3	4
2	1	6	9	3	4	7	5	8

266

9	4	7	1	8	2	3	6	5
1	5	8	6	3	7	4	9	2
3	2	6	4	9	5	7	8	1
5	8	9	3	7	4	1	2	6
4	7	1	2	6	8	9	5	3
6	3	2	5	1	9	8	4	7
8	6	3	9	2	1	5	7	4
7	1	4	8	5	6	2	3	9
2	9	5	7	4	3	6	1	8

267

2	5	8	3	7	4	6	9	1
9	1	7	5	8	6	4	3	2
4	6	3	1	2	9	5	7	8
3	2	5	7	9	1	8	4	6
6	7	1	4	5	8	3	2	9
8	4	9	2	6	3	1	5	7
7	3	4	6	1	2	9	8	5
5	9	6	8	3	7	2	1	4
1	8	2	9	4	5	7	6	3

268

7	3	1	2	6	9	5	8	4
2	9	8	3	4	5	1	7	6
5	4	6	7	8	1	2	9	3
8	2	7	5	1	3	4	6	9
1	6	4	8	9	2	3	5	7
3	5	9	6	7	4	8	1	2
9	8	5	4	3	6	7	2	1
4	1	2	9	5	7	6	3	8
6	7	3	1	2	8	9	4	5

269

3	7	2	1	6	8	9	5	4
1	5	8	9	4	7	3	2	6
6	4	9	2	3	5	8	7	1
8	2	3	4	9	6	5	1	7
9	1	4	7	5	3	6	8	2
7	6	5	8	2	1	4	3	9
4	8	1	5	7	9	2	6	3
5	9	6	3	1	2	7	4	8
2	3	7	6	8	4	1	9	5

270

8	2	7	4	3	6	9	1	5
3	5	1	9	8	2	7	6	4
6	9	4	7	5	1	8	2	3
1	6	2	5	9	8	3	4	7
4	7	9	1	6	3	5	8	2
5	3	8	2	7	4	1	9	6
7	8	5	6	4	9	2	3	1
9	1	6	3	2	7	4	5	8
2	4	3	8	1	5	6	7	9

271

8	1	2	9	5	4	6	7	3
6	5	9	1	7	3	4	8	2
4	7	3	8	2	6	5	9	1
7	6	4	5	8	2	1	3	9
5	3	8	6	1	9	7	2	4
9	2	1	3	4	7	8	5	6
2	8	7	4	3	1	9	6	5
1	9	5	2	6	8	3	4	7
3	4	6	7	9	5	2	1	8

272

5	3	1	7	6	4	8	9	2
7	2	8	9	1	5	3	4	6
9	4	6	3	2	8	5	1	7
1	6	3	2	7	9	4	8	5
4	9	2	5	8	3	6	7	1
8	5	7	6	4	1	2	3	9
3	7	9	4	5	6	1	2	8
2	1	5	8	3	7	9	6	4
6	8	4	1	9	2	7	5	3

273

4	1	8	9	5	2	7	3	6
3	9	2	7	1	6	4	5	8
5	6	7	3	4	8	2	9	1
2	3	4	6	9	5	1	8	7
7	5	1	4	8	3	6	2	9
9	8	6	2	7	1	3	4	5
6	7	5	8	3	4	9	1	2
8	2	3	1	6	9	5	7	4
1	4	9	5	2	7	8	6	3

274

7	1	4	2	8	5	6	9	3
3	9	8	6	4	1	7	2	5
6	5	2	9	3	7	4	8	1
2	7	6	5	1	9	8	3	4
8	3	5	4	2	6	9	1	7
1	4	9	3	7	8	2	5	6
5	6	3	8	9	4	1	7	2
4	8	1	7	5	2	3	6	9
9	2	7	1	6	3	5	4	8

275

9	7	8	2	4	5	3	6	1
5	3	6	8	1	9	2	4	7
2	1	4	3	6	7	5	9	8
4	2	9	5	7	6	1	8	3
1	6	3	4	2	8	7	5	9
7	8	5	1	9	3	6	2	4
3	4	7	9	5	2	8	1	6
8	9	2	6	3	1	4	7	5
6	5	1	7	8	4	9	3	2

276

1	4	5	6	2	7	8	9	3
9	2	6	5	8	3	4	1	7
7	3	8	1	4	9	5	2	6
3	5	4	8	9	1	6	7	2
8	6	9	3	7	2	1	5	4
2	7	1	4	5	6	3	8	9
6	9	3	7	1	8	2	4	5
5	8	7	2	6	4	9	3	1
4	1	2	9	3	5	7	6	8

277

5	4	1	9	8	2	7	3	6
7	9	2	3	1	6	8	5	4
8	3	6	5	4	7	9	2	1
6	1	7	4	9	3	2	8	5
4	5	8	2	7	1	6	9	3
3	2	9	6	5	8	1	4	7
2	6	4	7	3	9	5	1	8
9	8	5	1	6	4	3	7	2
1	7	3	8	2	5	4	6	9

278

8	6	3	1	2	5	9	4	7
1	9	7	4	6	8	2	5	3
4	2	5	3	7	9	1	6	8
7	5	8	2	3	6	4	1	9
3	1	6	7	9	4	8	2	5
9	4	2	5	8	1	3	7	6
5	7	9	8	4	2	6	3	1
2	8	1	6	5	3	7	9	4
6	3	4	9	1	7	5	8	2

279

4	9	3	7	5	2	6	8	1
8	1	7	9	6	3	4	5	2
5	2	6	8	1	4	9	7	3
1	7	5	2	9	8	3	6	4
2	3	9	6	4	7	8	1	5
6	4	8	1	3	5	2	9	7
3	8	1	5	2	9	7	4	6
7	5	2	4	8	6	1	3	9
9	6	4	3	7	1	5	2	8

280

2	5	4	1	8	3	7	6	9
8	9	3	6	7	4	5	1	2
7	6	1	9	5	2	8	4	3
1	7	2	8	3	5	4	9	6
9	3	8	4	6	1	2	7	5
6	4	5	7	2	9	3	8	1
3	8	7	5	1	6	9	2	4
5	1	9	2	4	7	6	3	8
4	2	6	3	9	8	1	5	7

281

5	6	4	2	1	3	7	9	8
8	3	2	9	6	7	5	1	4
7	1	9	8	5	4	2	3	6
9	2	5	1	4	8	6	7	3
1	8	3	6	7	9	4	2	5
6	4	7	5	3	2	1	8	9
4	9	6	3	2	1	8	5	7
3	5	1	7	8	6	9	4	2
2	7	8	4	9	5	3	6	1

282

2	6	1	9	3	5	7	8	4
3	5	4	1	8	7	2	9	6
8	9	7	4	6	2	3	5	1
1	4	5	3	9	6	8	2	7
6	3	9	7	2	8	1	4	5
7	8	2	5	4	1	9	6	3
5	2	3	8	7	4	6	1	9
9	1	8	6	5	3	4	7	2
4	7	6	2	1	9	5	3	8

283

4	2	8	9	3	7	6	5	1
1	7	9	4	6	5	2	3	8
5	6	3	8	2	1	9	7	4
7	5	1	6	8	4	3	2	9
3	8	4	7	9	2	1	6	5
2	9	6	5	1	3	8	4	7
6	4	2	1	7	9	5	8	3
8	1	5	3	4	6	7	9	2
9	3	7	2	5	8	4	1	6

284

4	2	3	7	9	6	5	1	8
1	7	9	8	4	5	3	6	2
5	6	8	2	1	3	9	7	4
2	4	1	6	5	9	7	8	3
3	9	6	1	8	7	2	4	5
7	8	5	3	2	4	1	9	6
9	1	4	5	3	8	6	2	7
6	5	2	4	7	1	8	3	9
8	3	7	9	6	2	4	5	1

285

5	6	2	9	4	3	8	7	1
8	1	3	2	7	5	4	9	6
9	4	7	6	1	8	2	3	5
1	5	4	8	3	2	7	6	9
2	7	6	5	9	4	3	1	8
3	9	8	7	6	1	5	4	2
6	2	1	4	8	7	9	5	3
7	3	5	1	2	9	6	8	4
4	8	9	3	5	6	1	2	7

286

7	6	2	3	9	8	4	5	1
8	1	4	5	2	7	3	9	6
5	9	3	6	4	1	8	2	7
9	4	7	8	3	5	6	1	2
2	3	6	9	1	4	5	7	8
1	5	8	7	6	2	9	3	4
4	7	9	2	5	6	1	8	3
3	8	1	4	7	9	2	6	5
6	2	5	1	8	3	7	4	9

287

6	1	9	7	2	8	5	4	3
7	2	4	5	6	3	9	8	1
3	5	8	4	1	9	7	6	2
8	4	5	9	7	2	1	3	6
1	9	6	3	5	4	8	2	7
2	3	7	6	8	1	4	5	9
5	8	1	2	3	7	6	9	4
4	6	3	1	9	5	2	7	8
9	7	2	8	4	6	3	1	5

288

1	8	6	3	4	5	7	9	2
3	2	4	7	9	8	6	5	1
7	9	5	2	1	6	3	4	8
9	7	8	1	3	4	2	6	5
2	6	3	8	5	7	4	1	9
5	4	1	6	2	9	8	7	3
8	1	9	4	7	2	5	3	6
6	3	7	5	8	1	9	2	4
4	5	2	9	6	3	1	8	7

289

1	9	6	7	3	2	8	4	5
2	5	7	8	4	6	3	9	1
4	8	3	1	9	5	2	6	7
9	2	1	4	6	7	5	3	8
8	3	5	9	2	1	6	7	4
7	6	4	3	5	8	1	2	9
6	4	9	5	1	3	7	8	2
3	1	8	2	7	9	4	5	6
5	7	2	6	8	4	9	1	3

290

8	3	5	2	7	6	9	1	4
9	1	7	4	3	5	6	2	8
2	4	6	9	1	8	5	7	3
1	2	9	5	6	4	3	8	7
6	7	8	1	9	3	4	5	2
3	5	4	7	8	2	1	6	9
5	9	1	8	4	7	2	3	6
7	6	2	3	5	9	8	4	1
4	8	3	6	2	1	7	9	5

291

2	9	8	4	5	3	7	6	1
3	1	5	7	6	2	4	9	8
6	7	4	9	8	1	2	3	5
9	4	2	3	1	6	5	8	7
5	6	1	8	7	4	3	2	9
8	3	7	5	2	9	1	4	6
4	8	6	1	3	5	9	7	2
7	5	3	2	9	8	6	1	4
1	2	9	6	4	7	8	5	3

292

6	7	3	5	2	8	1	4	9
5	4	9	6	1	3	2	8	7
1	8	2	7	9	4	3	6	5
7	2	5	3	4	9	8	1	6
3	6	8	1	7	5	9	2	4
9	1	4	8	6	2	7	5	3
4	9	7	2	5	1	6	3	8
2	3	6	4	8	7	5	9	1
8	5	1	9	3	6	4	7	2

293

3	7	2	9	4	5	1	8	6
4	5	1	6	8	2	3	9	7
6	9	8	3	7	1	2	4	5
9	1	4	5	3	7	6	2	8
2	8	6	1	9	4	5	7	3
5	3	7	2	6	8	9	1	4
7	6	3	8	1	9	4	5	2
8	2	9	4	5	6	7	3	1
1	4	5	7	2	3	8	6	9

294

5	9	6	7	4	8	1	3	2
4	1	7	3	2	9	5	8	6
8	2	3	5	1	6	4	9	7
3	7	8	4	5	2	9	6	1
2	4	9	6	7	1	8	5	3
6	5	1	9	8	3	2	7	4
1	8	5	2	6	7	3	4	9
9	6	2	8	3	4	7	1	5
7	3	4	1	9	5	6	2	8

295

3	4	7	2	8	1	9	6	5
8	9	6	3	5	7	2	4	1
1	5	2	9	4	6	3	7	8
6	7	5	4	2	8	1	9	3
9	3	4	6	1	5	8	2	7
2	8	1	7	9	3	4	5	6
4	6	8	1	7	2	5	3	9
7	1	9	5	3	4	6	8	2
5	2	3	8	6	9	7	1	4

296

2	9	5	4	7	1	8	3	6
8	6	3	9	2	5	4	7	1
7	4	1	3	8	6	9	2	5
5	1	8	7	4	2	6	9	3
3	7	6	5	9	8	2	1	4
9	2	4	6	1	3	7	5	8
6	8	7	1	5	9	3	4	2
4	5	2	8	3	7	1	6	9
1	3	9	2	6	4	5	8	7

297

3	1	5	8	4	6	7	9	2
4	2	7	9	1	3	8	6	5
6	8	9	5	2	7	4	1	3
1	6	4	7	3	8	2	5	9
5	9	3	2	6	4	1	7	8
8	7	2	1	5	9	6	3	4
9	4	8	6	7	5	3	2	1
2	5	6	3	8	1	9	4	7
7	3	1	4	9	2	5	8	6

298

9	4	8	7	6	1	5	2	3
7	2	5	4	3	8	9	1	6
6	3	1	9	2	5	8	4	7
2	8	3	6	4	7	1	5	9
4	5	6	1	9	2	7	3	8
1	7	9	5	8	3	4	6	2
3	9	2	8	5	4	6	7	1
8	1	4	3	7	6	2	9	5
5	6	7	2	1	9	3	8	4

299

8	6	7	3	2	1	5	9	4
4	3	1	5	6	9	2	7	8
5	2	9	8	4	7	1	3	6
6	9	4	2	7	5	3	8	1
1	5	3	4	8	6	9	2	7
7	8	2	1	9	3	6	4	5
2	1	8	6	3	4	7	5	9
3	7	6	9	5	8	4	1	2
9	4	5	7	1	2	8	6	3

300

2	5	9	4	8	7	6	3	1
8	3	7	1	6	5	2	4	9
1	4	6	3	9	2	5	7	8
9	1	4	5	7	8	3	2	6
7	2	3	9	1	6	8	5	4
6	8	5	2	3	4	1	9	7
5	9	2	6	4	1	7	8	3
3	7	1	8	5	9	4	6	2
4	6	8	7	2	3	9	1	5

301

1	4	6	8	3	9	5	2	7
5	7	2	4	6	1	8	3	9
9	3	8	5	7	2	4	6	1
6	1	7	3	8	4	2	9	5
8	9	4	6	2	5	1	7	3
2	5	3	1	9	7	6	4	8
7	6	1	9	4	8	3	5	2
4	8	9	2	5	3	7	1	6
3	2	5	7	1	6	9	8	4

302

4	7	6	5	3	9	2	8	1
5	9	1	2	8	7	3	6	4
8	2	3	6	1	4	7	5	9
6	3	9	7	4	1	5	2	8
2	1	4	3	5	8	9	7	6
7	5	8	9	6	2	1	4	3
3	6	2	4	9	5	8	1	7
1	4	7	8	2	3	6	9	5
9	8	5	1	7	6	4	3	2

303

3	9	7	6	1	2	8	5	4
5	6	4	8	3	7	1	2	9
8	1	2	4	5	9	7	6	3
4	7	6	2	8	1	3	9	5
9	3	1	7	4	5	6	8	2
2	8	5	3	9	6	4	1	7
7	2	8	5	6	4	9	3	1
6	4	9	1	2	3	5	7	8
1	5	3	9	7	8	2	4	6

304

9	5	6	1	7	2	4	8	3
8	3	2	6	4	9	5	1	7
4	1	7	8	5	3	2	6	9
1	9	8	4	2	7	6	3	5
6	4	3	9	1	5	7	2	8
2	7	5	3	8	6	1	9	4
5	6	1	7	3	8	9	4	2
3	2	9	5	6	4	8	7	1
7	8	4	2	9	1	3	5	6

305

6	2	9	3	5	7	1	8	4
1	7	5	4	8	6	3	2	9
4	8	3	9	1	2	7	6	5
7	4	2	6	3	5	9	1	8
5	3	1	8	7	9	6	4	2
9	6	8	2	4	1	5	3	7
2	1	7	5	6	8	4	9	3
8	5	4	1	9	3	2	7	6
3	9	6	7	2	4	8	5	1

306

8	5	1	9	7	2	4	3	6
7	2	6	3	4	5	9	8	1
9	4	3	1	8	6	2	5	7
6	1	4	5	9	8	7	2	3
2	8	9	7	3	4	1	6	5
3	7	5	2	6	1	8	4	9
1	3	2	4	5	9	6	7	8
5	9	8	6	2	7	3	1	4
4	6	7	8	1	3	5	9	2

307

5	6	7	9	2	1	8	3	4
3	9	2	7	4	8	5	6	1
1	8	4	3	6	5	7	9	2
8	2	6	5	7	3	4	1	9
7	1	9	6	8	4	2	5	3
4	5	3	2	1	9	6	8	7
6	7	1	8	3	2	9	4	5
2	3	5	4	9	6	1	7	8
9	4	8	1	5	7	3	2	6

308

1	2	8	5	9	7	6	3	4
9	5	6	2	3	4	8	7	1
4	3	7	6	8	1	2	9	5
7	8	1	4	6	5	3	2	9
3	6	5	7	2	9	1	4	8
2	9	4	8	1	3	5	6	7
6	1	9	3	7	8	4	5	2
5	7	2	1	4	6	9	8	3
8	4	3	9	5	2	7	1	6

309

5	1	7	3	2	6	9	4	8
3	9	4	8	5	1	2	7	6
6	8	2	7	9	4	3	5	1
2	7	9	4	1	8	6	3	5
1	3	8	5	6	9	4	2	7
4	6	5	2	3	7	1	8	9
8	4	1	6	7	2	5	9	3
9	2	3	1	8	5	7	6	4
7	5	6	9	4	3	8	1	2

310

5	1	9	7	3	2	4	8	6
6	4	7	8	1	9	3	2	5
2	3	8	4	5	6	1	9	7
7	5	3	6	8	1	2	4	9
9	8	4	2	7	3	5	6	1
1	2	6	9	4	5	8	7	3
3	7	2	1	6	8	9	5	4
8	6	5	3	9	4	7	1	2
4	9	1	5	2	7	6	3	8

311

9	8	5	6	2	1	4	3	7
7	6	4	9	3	5	8	2	1
1	2	3	4	7	8	9	5	6
3	9	1	5	6	4	7	8	2
8	4	6	7	9	2	3	1	5
5	7	2	1	8	3	6	9	4
2	1	7	8	4	9	5	6	3
4	3	8	2	5	6	1	7	9
6	5	9	3	1	7	2	4	8

312

5	4	7	1	2	3	6	9	8
1	9	8	6	5	7	2	3	4
2	6	3	9	4	8	1	5	7
3	2	9	5	8	1	7	4	6
6	8	1	4	7	9	3	2	5
4	7	5	2	3	6	9	8	1
7	1	4	3	9	5	8	6	2
9	5	6	8	1	2	4	7	3
8	3	2	7	6	4	5	1	9

313

5	3	4	7	8	1	6	2	9
9	7	6	2	3	5	4	1	8
8	2	1	9	4	6	3	5	7
6	5	7	1	9	8	2	4	3
1	9	3	4	5	2	8	7	6
2	4	8	3	6	7	5	9	1
7	1	5	8	2	3	9	6	4
4	8	2	6	1	9	7	3	5
3	6	9	5	7	4	1	8	2

314

2	3	1	5	4	7	6	8	9
9	8	4	2	1	6	7	5	3
6	5	7	8	3	9	2	4	1
5	9	6	3	2	4	1	7	8
3	1	2	6	7	8	5	9	4
7	4	8	9	5	1	3	6	2
1	6	3	4	8	5	9	2	7
4	2	5	7	9	3	8	1	6
8	7	9	1	6	2	4	3	5

315

7	6	5	3	4	9	8	1	2
8	9	4	5	2	1	6	3	7
2	3	1	7	6	8	4	9	5
1	4	6	9	5	7	3	2	8
5	8	2	1	3	4	7	6	9
9	7	3	6	8	2	1	5	4
3	2	7	8	1	5	9	4	6
6	5	9	4	7	3	2	8	1
4	1	8	2	9	6	5	7	3

316

1	4	3	6	8	9	5	2	7
5	7	6	3	2	4	1	9	8
9	8	2	7	5	1	6	3	4
4	6	8	1	7	2	9	5	3
7	5	9	8	3	6	2	4	1
2	3	1	4	9	5	8	7	6
6	1	5	9	4	3	7	8	2
3	9	7	2	1	8	4	6	5
8	2	4	5	6	7	3	1	9

317

5	4	9	6	7	2	3	8	1
2	1	7	3	8	4	6	5	9
8	6	3	5	1	9	4	2	7
1	2	4	7	9	5	8	6	3
9	5	6	2	3	8	1	7	4
7	3	8	1	4	6	5	9	2
4	8	5	9	2	1	7	3	6
3	9	1	8	6	7	2	4	5
6	7	2	4	5	3	9	1	8

318

6	7	4	5	9	2	1	3	8
2	8	3	6	1	4	5	9	7
9	5	1	8	7	3	2	6	4
8	3	2	7	5	6	4	1	9
5	6	9	4	8	1	3	7	2
1	4	7	3	2	9	8	5	6
4	9	5	2	3	7	6	8	1
3	1	6	9	4	8	7	2	5
7	2	8	1	6	5	9	4	3

319

3	2	9	4	7	8	1	5	6
8	7	1	3	5	6	9	4	2
6	4	5	1	2	9	7	8	3
2	3	8	7	6	4	5	9	1
9	5	7	2	3	1	4	6	8
1	6	4	9	8	5	3	2	7
7	1	6	5	4	2	8	3	9
5	9	2	8	1	3	6	7	4
4	8	3	6	9	7	2	1	5

About the Authors

MAKI KAJI is the president and cofounder of the Japanese-based logic puzzle company, Nikoli Co. Ltd. Kaji is known as The Godfather of Sudoku, for establishing the modern rules of Sudoku and for giving the world-famous puzzle its name. Kaji started Nikoli in 1980.

The editors at **NIKOLI CO., LTD.** are the pioneers behind the first puzzle magazine in Japan, whose debut issue was published in August 1980, also called Nikoli. Since the first magazine in 1980, Nikoli has been publishing its own puzzle magazines and books, as well as supplying original puzzles to many newspapers and other weekly and monthly magazine publications throughout Japan and the world. The editors are constantly studying and inventing new puzzles and have created more than 250 original types of logic puzzles. Many of Nikoli's puzzles are handcrafted which makes the company one of a kind in the world. Once only known by Japanese puzzle solvers, but now celebrated worldwide, Nikoli stands for the best in handmade puzzles.

**THE ORIGINAL
SUDOKU**

ISBN: 978-0-7611-4215-7

**THE ORIGINAL
SUDOKU BOOK 2**

ISBN: 978-0-7611-4296-6

**MORE ORIGINAL
SUDOKU**

ISBN: 978-0-7611-4397-0

**X-TREME
SUDOKU**

ISBN: 978-0-7611-4622-3